神々と旅する冥界 来世へ〔前編〕

埃及眾神的
冥界巡禮

【前篇】

神祇、妖怪與
法老的復活之旅

松本彌

楓 樹 林

目錄

開口儀式
兩位神官面朝保存木乃伊的棺木進行開口儀式，以便讓死者能夠說話和飲食。另一個有可能是死者母親的棺木。出自死者之書第23章。
新王國時期第19王朝，孔蘇之墓（路克索西岸）[TT 31]

※TT＋數字表示遺蹟編號

前言

「人類死後會變成怎麼樣？」這是人類一生不斷追求的問題。近年來，隨著醫學的進步，人們開始從生物學的角度對「人的死亡」展開解釋。在這種情況下，有人建議在「腦死」階段進行器官移植等有效的利用，也有患者因此而受惠。然而時至今日，直到心臟停止跳動、失去呼吸之前，也有不少親屬無法接受此人已經死亡的事實，希望死去的人能夠保持生前的狀態，因此有些人依然頑固地拒絕捐贈器官。

即使是葬禮，也分為和死者有關係的人一起送行，或者只有親人送行的情況。也有人主張，應將亡者生前喜好的食物、生活用品、紀念品，和祂一起送去另一個世界。從世界各地的博物館和展覽會所看見的古埃及文化展示品，當中有不少都是當時人們深信死者在來世需要而收藏的物品，觀者在欣賞展示品之餘，不禁被其深刻的思念所感動。

瑪亞特女神
右上第2行寫著「太陽神拉之女」。
新王國時期第19王朝，約1260 BC，妮菲塔莉王后墓（路克索西岸）

國家、地區、民族文化、宗教信仰與教育，均對死亡的觀點產生各種深遠的影響，從而使得「埋葬」死者的方法也跟著變得豐富多樣。

死後亦然。至今有多少人真正相信存在著死後世界？在深受佛教文化影響的東亞，多半認為閻王會對死者在現世的為人善惡進行審判，這樣的說法受到廣泛流傳。在過去，這是讓普羅大眾相信有這樣神聖的存在，以便控制人們的行為，藉此維護社會的秩序。

據說，要是在現世做了壞事，就會在

從現世墮入地獄的場景

吳哥窟是由吳哥王朝的蘇利耶跋摩二世建造的印度教寺院。按照當時人們的想像，第一迴廊的南面東側，分別描繪出天國（國王和家族成員通往天國的道路）、現世（地上的王族和隨從們）、地獄等三個層級。

照片中呈現出於現世做壞事的人被打入下層地獄的場景（右側）。地獄中等待惡人的是被獄卒戴上枷項、用棍棒毆打、施以火刑等32種酷刑。

吳哥王朝，12世紀前半，吳哥窟（柬埔寨）　©Akiko. M

閻王的審判下落入地獄，過著痛不欲生的來世；如果生活有條不紊，就能在舒適的極樂世界，過著永遠平靜的生活。有很多諸如此類前往極樂世界的善行指引，人們透過從事善舉，從而對死後的狀態感到安心；擾亂秩序、隨心所欲生活的人，死後會受到懲罰。這樣的觀點使得人們得以一吐怨氣。

在古埃及時代，秩序、正義就是「$m3't$」。鴕鳥羽毛的文字（表音文字）被視為其象徵，人們也經常以佩戴鴕鳥羽毛裝飾的髮帶女性（女神）來呈現。人們堅信，遵守社會秩序、遵循正義的人，來世就能永遠過著幸福的生活。

江戶時代流傳下來的古典落語中，有齣名為《御血脈》的劇目。信州善光寺別當的等順上人，為了救濟因淺間山大爆發，造成天明大饑荒而受苦的百姓，遂將簡化後的融通念佛血脈譜，也就是俗稱的「御血脈」分發給參拜者。這是

血脈譜

血脈譜以釋迦牟尼佛（佛教的創始者釋迦牟尼，一般又尊稱為佛陀）為起源，記載阿彌陀如來、天台宗，以及開創融通念佛宗的良忍與其繼承者等，由善光寺境內的天台宗派「大勸進」的歷代貫主（※譯註：寺廟住持）所組成的族譜。授予此譜的人，能以弟子身分與阿彌陀如來結緣。善光寺另屬淨土宗派的「大本願」（尼寺）也會授予信徒「御血脈」。
善光寺（長野縣長野市）

［右］閻魔王 閻魔王是裁決死者生前罪行的十王中最廣為人知的冥界之王。
鎌倉時代，淨土宗常光山源覺寺（東京都文京區）

源覺寺「蒟蒻閻魔」

江戶時代中期，一位患有眼疾的老婆婆向閻魔王祈禱，結果閻魔王在夢中現身，並告訴她：「如果妳的願望實現，就將我的一個眼睛賜予妳。」願望實現的那一天，老婆婆的眼睛果真不藥而癒，但閻魔王的右眼卻從此失明了。老婆婆為了表示感謝，決定不再吃自己最愛的「蒟蒻」，並持續供奉給閻魔王。這位閻魔王從此便有「蒟蒻閻魔」的稱號，至今仍深受人們信仰。

阿彌陀如來保佑任何人都能迅速往生極樂世界，並到達佛道，不必再接受閻王審判的神符，而這齣落語正是描繪地獄因此陷入不景氣的景況。為了恢復地獄的榮景，閻王派遣著名的大盜石川五右衛門前去盜取御血脈，然而這卻令獲得了御血脈的五右衛門得以前往極樂世界。

時至今日，善光寺仍會發送這個御血脈，相傳只要每天念誦上面的內容，去世時放入棺木中，死者就能往生極樂世界。

贖罪券與十字架

以下內容為1905年時任教皇聖庇護十世所制定的條件，説明1907年教會對於生者和處於煉獄的靈魂給予寬恕。

1. 戴上這個寬恕十字架者可以獲得救贖（每日300天份）
2. 每次以虔誠的心親吻這個十字架者都能獲得救贖（每次100天份）
3. 在這個十字架前念誦規定禱文的人，每次都能獲得救贖（7年又40天絕食7次的份）
4. 任何習慣性向這個十字架表達虔誠的人，都能滿足懺悔和敬領聖體的條件，在以下禮儀中可以獲得全赦免：主耶穌的五個聖痕、聖十字架的創設、舉揚聖十字架、聖母始胎無染原罪、聖母七苦
5. 無論是誰，在臨終前行教會聖事皆能獲得強化。若為罪孽深感懺悔，或此人沒有機會（例如在戰場等）獲得救贖，可親吻這個十字架，祈求上帝赦免自身的罪，或為死者祈求上帝赦免他的罪，便能獲得全赦免。

Pardon Crucifix

Indulgences

Granted by His Holiness Pope Pius X to the Pius Union of the Pardon Crucifix, the aim of which is to obtain pardon of God to pardon one's neighbor.

1. Whoever carries on his person the Pardon Crucifix may thereby gain 300 Days INDULGENCES once a day.
2. For Devoutly kissing the Crucifix, 100 DAYS' INDULGENCE each time.
3. Whoever says one of the following invocations before this Crucifix may gain each time an indulgence of SEVEN YEARS AND SEVEN QUARANTINES:
"Our Father who art in heaven, forgive us our trespasses as we forgive those who Trespass against us." "I beg the Blessed Virgin Mary to pray to the Lord our God for me."
4. Whoever, habitually devout to this crucifix, will fulfill the necessary conditions of Confession and Holy Communion, may gain the PLENARY INDULGENCES on the following feasts: the Five Wounds of Our Lord, the invention of the Holy Cross, the Exaltation of the Holy Cross, the Immaculate Conception and the Seven Dolors of the Blessed Virgin.
5. Whoever at the moment of death, fortified with the Sacraments of the Church, or contrite of heart, in the supposition of being unable to receive them, will kiss this Crucifix and ask pardon of God for his sins, and pardon his neighbor, will gain a PLENARY INDULGENCE.

(Pontifical Rescript of June 1, 1905, to MM the Abbes Lemann)

A.Cardinal Tripepi
Prefect of the Sacred Congregation of indulgences
To the Faithful, who devoutly kiss this Crucifix and gain these precious indulgences, we recommend to have in view the following intentions. To testify love for Our Lord and the Blessed Virgin; gratitude towards our Holy Father, the Pope, to beg for the remission of one's sins; the deliverance of souls in purgatory; the return of the nations to the Faith; forgiveness among Christians; reconciliation among the members of the Catholic Church.

By another Pontifical Rescript of November 14, 1905. His Holiness, Pope Pius X, has declared that the indulgences attached to the Pardon Crucifix are applicable to the souls in purgatory.

With Ecclesiastical Sanction
January 15, 1907

W.J. Hirten CO.

十字架的正面，人像上方刻有拉丁語「Jesus Nazarenus Rex Judaeorum」等文字，為「拿撒勒人耶穌，猶太人的王」的意思。附帶一提，拉丁語中是以I取代J、V取代U，所以也簡寫為I.N.R.I（Iesvs Nazarenvs Rex Ivdaeorvm）。背面的橫柱刻著「父啊，赦免他們」，縱柱上刻著「看啊，這顆如此深愛人們的心臟」。十字中心刻有耶穌神聖心臟的圖案。

聖母加冕（Enguerrand Quarton 繪）

聖母瑪利亞受到天上的耶穌基督迎接。祂跪坐下來，微微歪頭，從兒子的手中接受聖冠。在參加儀式的人群中，下層描繪著兒童殉教者。希律王為了奪走耶穌的生命，下令殺掉伯利恆所有兩歲以下的男孩，這些嬰孩即為兒童殉教者，稱為「Saints Innocents」。在天主教和東正教會中，兒童殉教者被認為是「救贖的初穗」，是最早的殉教聖人。

這幅畫中的天上之下有現世，現世的地下有地獄。在中世紀的基督教世界觀裡，人們普遍認為存在著這樣的世界。畫中描繪著天使從地獄中解救出靈魂的景象。

Pierre-de-Luxembourg 美術館（盧森堡）

在基督教的歷史上，曾有過可保證死後安心的贖罪券。贖罪券的英文為Indulgence，在拉丁語中原為免除稅金或利息（減免、赦免）的意思，在羅馬帝國時代則是免除監禁和刑罰的意思。由此，indulgence成為一種對犯罪的刑罰實施暫時性限制的物品。

1517年，羅馬教會發行了這種「神符」，人們只要購買它，現世的罪孽就能獲得寬恕，得以上天堂；如果為去世的親人或朋友購買，那個人也同樣可以獲得救贖。贖罪券表面上是以募集羅馬的聖彼得大教堂的大規模改建費用為由，但實際上卻是教宗、大主教和高利貸業者為了從中獲利而大量發行。眾所皆知，馬丁‧路德（Martin Luther）以此為契機，發起一場宗教改革運動。

現代埃及普遍信仰的宗教，以及伊斯蘭教中的死後世界又是什麼樣子呢？據說人類的死亡意味著靈魂（Nafsu）離開失去功能的肉體；至於何時死亡，只有神（阿拉）知曉。離開現世的靈魂會被召喚到神的身邊，但伊斯蘭經典《古蘭經》中並沒有說明具體的時間。也因此，人們對於死後靈魂的狀態有不同的解釋。

一般來說，過著不辱伊斯蘭教徒身分生活之人，靈魂在死後會暫時升天，將名字記錄在天國的名冊（Illiyin）中，接受天使的審問後回到墳墓，平安靜待復活之日。換言之，伊斯蘭教徒的遺體必須用乾淨的白布包覆後土葬，或者放入墳墓中保存。此時，遺體的臉會朝向麥加的方向橫放。日本傳統的火葬習俗，在伊斯蘭教中被認為是遭受地獄的業火燒毀而就此灰飛煙滅，所以對伊斯蘭教徒來說是禁忌。

到了復活之日，人的靈魂和肉體會恢復原狀，在接受最後的審判之後，從此就可以過著不再飽嘗死亡痛苦的平靜生活。另一方面，不虔誠的人，名字會被記錄在地獄的名冊（Sijjeen）上，經過天使的審問後，在復活之日來臨之前，會不斷地遭受刑罰。一旦在最後的審判被判下地獄，將會永無止境地承受生不如死的痛苦。

金字塔和伊斯蘭教徒的墳墓
後面的金字塔是阿蒙涅姆赫特一世（Amenemhat I）的金字塔。在遠離耕地的沙漠中，墳墓至今依
然不斷增加，其中也有不少只用土掩埋的墳墓。
中王國時期第12王朝，約1990 BC（El-Lisht）

　　值得一提的是，人們相信殉教者的靈魂會比其他人優先處於神的身邊，持續
平安地存在。儘管神所掌管的生命禁止以自殺來結束，卻依舊發生自殺炸彈這
類恐怖攻擊，這是因為發動恐怖攻擊者將這樣的死法解釋為殉教的緣故。

　　人們認為今生的「罪孽」，來世必須用痛苦來贖罪，為了消除這種不安和後
悔的念頭，自古以來就不斷出現這類宗教上的救贖。早在古埃及時代，就有明
確地說明這一點，並隨之誕生令人們心安的宗教活動。

　　此外，還有透過繪畫和故事，以淺顯易懂的方式說明死後的世界，以及到達
那個世界的過程。

　　日本上方落語有一齣劇目為《地獄八景亡者　戲》，這是一齣能讓人們忘卻
死亡恐懼的好戲，有興趣的讀者不妨一聽。劇中將以恐怖世界的形式流傳下來

的閻王判決過程，夾雜著身為獄卒的鬼感到為難的小故事，透過有趣的方式演繹並呈現給觀眾。

或許是希望透過這樣的娛樂方式，來減輕人們對死亡的恐懼吧。以受到閻王制裁而下地獄、前往極樂世界、死者復活等為主題的故事，即使在二十一世紀的今日依然人氣不減。

人類會將經驗的累積以智慧的形式代代傳遞，但唯獨每個人都會經歷的死亡卻無人能夠傳達，因此人們一旦意識到死亡，就會變得惶惶不安。死者逐漸腐爛的肉體也會引發不安，讓人感到恐懼。人類究竟該如何面對無人知曉的死後世界呢？

在人類的文化史上，古埃及人所描繪的死後世界，有些特別值得一提。古埃及人從流傳許久的娛樂遊戲加以聯想，想像來世也如同雙六這種擲骰子移動棋子的角色扮演遊戲一般，透過一步步闖關的方式，朝來世復活的目標不斷前進。從這樣的角度來看，對於人類難以理解的死後世界發展，大概會產生一股親近感吧。

本書將以觀光機會較多的遺蹟和博物館展示品為中心，介紹古埃及人心目中的來世觀。如果能幫助大家更熟悉古埃及的文化，就是本人的榮幸。

松本彌

※本書的照片插畫中，標記在〔　〕內的英文數字，為墓地的遺蹟編號或博物館的收藏品編號。

這是一款連細節
也精心製作，顯示
「冥府電信」的紙製智慧型手機。應用程式也
應有盡有。

中國和台灣的紙錢

在祭拜祖先的清明節（農曆３月，春分後第15天的節日），人們於墓前獻上飲食，焚燒紙錢，希望於來世生活的祖先在飲食和經濟方面皆不至匱乏。從前使用粗糙的紙，近年來開始出現金紙、銀紙、冥都銀行和天地銀行的高額紙幣，甚至還出現了信用卡，或是紙製的液晶電視、電腦、機器人、寵物等電子產品，以及高級汽車、豪宅等物品，希望能將這些最新的高級產品送給於來世生活的先人。另外，為了照料祖先於來世的日常生活，也會焚燒等身大的紙人。

左下紙錢上的人物，是中國道教中的最高神——玉皇大天尊（玉皇大帝，又稱玉皇、玉帝），祂是天界及宇宙的統治者，也是居住在地上和地底萬物的統治者。大部分的華人認為，死去的人只要能夠平安無事地通過閻羅大王面前，就能和現世一樣，於來世在玉皇大帝的身邊生活。此外，除了玉皇大帝外，也能看見印有瑪麗蓮·夢露、賓·拉登、切·格瓦拉、史達林、甘迺迪、邱吉爾等傳奇人物的紙錢。

即便是這種印刷出來的東西，也能將實物送到來世，讓死去的祖先得到滿足，這種想法可以說和古埃及人透過文字和壁畫留下的供品有幾分相似。

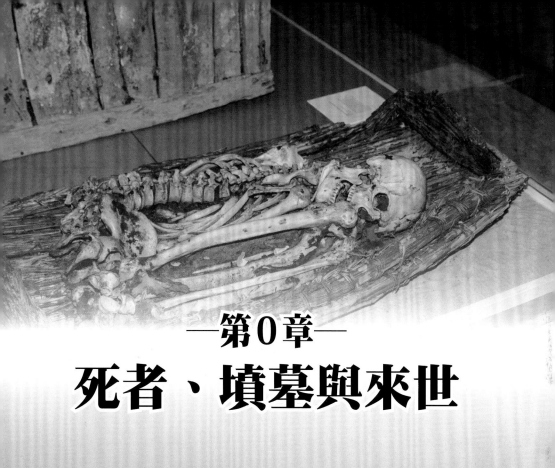

─第0章─
死者、墳墓與來世

埃及的風土與生死觀

請各位看一下右頁埃及國土的衛星影像照片。埃及有一條由南向北、中游迂迴曲折的大河尼羅河。河水流經之處的廣闊綠地（耕地）是人們生活的場所。

天然的木乃伊
展示現場復原前王朝
時期埋葬於沙漠的場景。
納卡達二期，3600 BC～3350 BC，埃及博物館（義大利杜林）[S.293-303]

耕地的東西兩側有沙漠，站在耕地的邊緣朝沙漠望去，可以見到紅褐色的大地一直延伸到地平線。這片不毛之地與背後的綠地形成鮮明對比，讓人聯想到死後世界。為了有效利用耕地，自古以來人們都會在靠近耕地的沙漠地帶挖掘墓穴，將死者埋葬在那裡。

在埃及，太陽從這條尼羅河構成的世界的東方往西方移動。由於氣候乾燥，幾乎沒有陰天，因此人們每天都能看到太陽從東方沙漠的地平線升起，沒入西方沙漠的地平線當中。在這樣的環境下，人們產生在尼羅河西方太陽落下的地方有來世入口的想法，也就不足為奇了。根據人們的想像，太陽會穿過大地之下的冥界，從東方的地平線升起。

人們意識到太陽的移動，使得將死者遺體埋葬在尼羅河西側的沙漠中，並且面朝西橫躺下葬的習俗，似乎愈來愈受到歡迎。

話說回來，在沙漠裡挖洞埋葬，也就是用乾燥的砂子覆蓋遺體的話，屍體就會變得更加乾燥且不會腐爛，有時原本埋葬好的遺體會因為某些因素而曝露在外。人們從乾燥的遺體上，似乎又回想起生前熟人的面貌。

然而，曝露出地面的遺體，有時會遭到胡狼等動物破壞，而顯得慘不忍睹。事實上，筆者就曾親眼目睹過土葬的伊斯蘭教徒遺體，被野狗從沙漠的墓地拖走的景象。

親人看到遺體的慘狀，心中一定會特別激動，覺得必須要好好珍惜重要之人

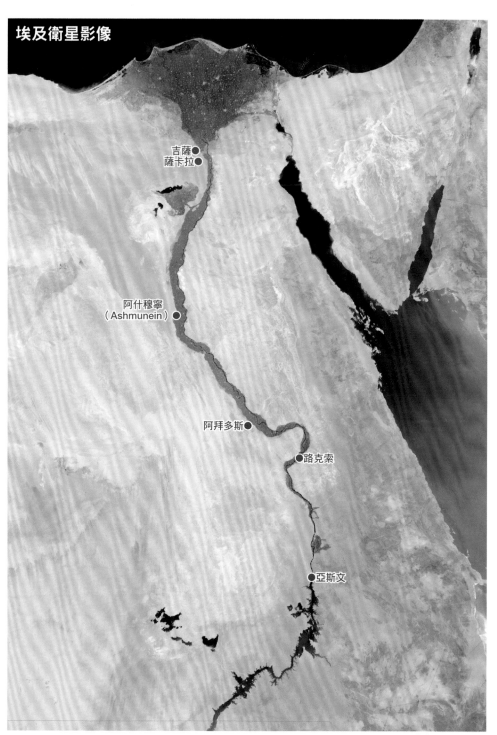

埃及衛星影像

吉薩
薩卡拉

阿什穆寧
（Ashmunein）

阿拜多斯

路克索

亞斯文

©Google Earth

15

的遺體。從這樣的想法出發，當一族的長老或村鎮的權貴去世後，人們會用曬乾的磚塊建造墓室，避免讓遺體全身沾滿砂子，小心翼翼地埋葬起來。

與此同時，人們也開始摸索如何讓遺體保持良好狀態的方法。在遺體上塗抹石膏，使其更接近生前的形象，這也是其中一種嘗試吧。不久後，木乃伊技術被設計出來，並獲得了長足發展。人死去後，將容易腐爛的內臟和大腦取出，並為了防止腐爛而進行木乃伊化處理，這些做法都是在王朝時代的初期前後開始的。以法老為首，身分地位極高的人物都被慎重地製作成木乃伊。

曾有一段時期，人們相信只要將木乃伊放進墓穴，死者就會以墓室為家而復活。在聖書體中，墓（*is*）有時是以「平靜之家」的形象來呈現。為了讓死者能過著和現世一樣的生活，人們在墳墓中擺放各式各樣的物品，即使這些物品遺失，死者也能以念誦咒語的方式重新取得，因此浮雕和繪畫中也留有必需的飲食和生活用品。

本書前言中也有記載，在日本的喪葬文化裡，當親屬去世，我們會按佛教儀式為遺體進行火葬，此時也會準備死者生前喜歡的衣服、書籍、家人的照片等供死者攜帶的物品；在葬禮之後，儘管實際不會吃掉，人們仍會在牌位和遺像前供奉死者喜歡的食物。這樣的風俗習慣和古埃及人有著異曲同工之妙，而且這種觀念在古代一定更為強烈，也更為當時人所熱衷。

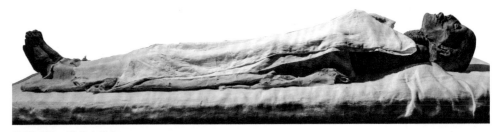

拉美西斯一世的木乃伊
這具木乃伊於19世紀被盜掘，現藏於加拿大的Niagara Falls博物館，後於2003年10月返還給埃及。
新王國時期，約1290 BC，路克索博物館

古埃及人的世界觀

根據古埃及人遺留的資料來看，關於天、冥界、太陽的運行等，可以認為和這張示意圖相去不遠。

首先，古埃及人認為天的四方有天柱支撐，平坦的大地上存在著地上和地下兩個對稱的世界。東西有廣闊的沙漠，所以視野中的大地是平坦的，太陽出現的沙漠地平線則是大地的邊緣。實際上，因為與跨越沙漠前來的異民族交流，人們十分瞭解大地的廣闊，但在觀念上，對大地的形象認知就有如左圖一般。值得一提的是，身高160公分左右的人，站在地面上可以看見4.5公里以外的地平線。從10公尺高的建築上可以眺望12公里遠，20公尺高的建築可以眺望約16.5公里遠，100公尺高的尼羅河階頂部則可以看見35～36公里之外的地平線。

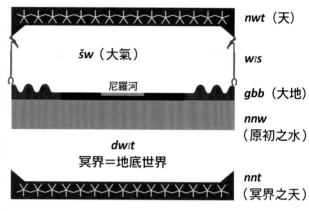

宇宙觀

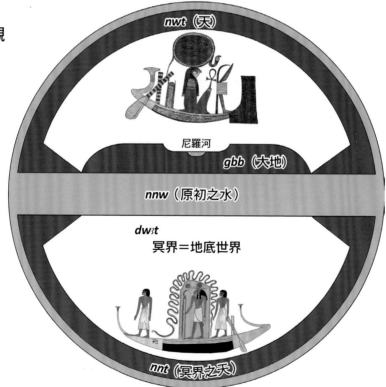

一般認為，太陽神（獵鷹形象）白天會乘坐太陽船，從東方地平線航行到西方地平線；夜晚則以公羊（*bз*，靈魂）的形象由西向東航行。根據這樣的想像，使得人們認為世界是圓的，天的外面也有水環繞。

宇宙觀的形象

努特女神的腳踩在東方大地的一端，雙手放在西方的一端。大氣之神舒頭戴頭墊，在下面支撐著她的身體，大地男神蓋布則橫躺在舒的下方。周圍的靈魂 *bȝ*（羊頭）和眾神擺出表示讚嘆的姿勢。古埃及人認為，太陽每天從努特身上誕生，穿越天空，晚上再被努特吞噬。可是在這幅圖中，太陽是以圓盤的形式呈現在舒神的胸前；到了夜晚，太陽穿過努特的體內，最終回到子宮，藉此期望死者也像太陽一樣，永遠重複著重生復活的過程，以便持續存在於來世。

這幅圖的天空有別於太陽通過地下世界的形象。順帶一提，努特、舒、蓋布這三神的形象，是在新王國時期結束的第20王朝時期形成的。

第三中間期，約1050 BC，Masaharta之棺，埃及博物館（開羅）[JE 26195、CG 61027]

　　可是不久後，古埃及人發現，無論木乃伊製作得再怎麼精緻，也沒有人能在現世復活。在這種情況下，神官創造出一種來世觀，他們認為死者可以在非現世的世界復活，並獲得永生。死者在來世復活時，必須有木乃伊來保存遺體，死者以現世之人看不見的形象往來於來世和現世之間，人格以不同的形式存在。從古代的人們遺留下來的文書和壁畫中，可以看出他們是如何解決各個時期人們的疑惑，針對無法理解的死亡做出容易接受的解釋。

在新王國時期以前，人們認為唯有身分尊貴之人才能於來世復活；可是進入新王國時期後，古埃及人開始相信，每個人都具備在來世幸福地繼續生活下去的資格。其中，身分地位足以傳承並保留先人墓地的古埃及人，會在墓室的壁畫上描繪出對於死後世界的想像，以及死後也希望能如此生活的祈禱祝文，同時也會將許多陪葬品放進墳墓當中。當遺體製作成木乃伊並安置在棺木內時，裡面也會附上各種護身符，其中自然也包含寫有祈禱死者能夠順利於來世復活的咒語的莎草紙。

這些咒語通稱為「死者之書」，不過在當時的名稱是「通往光明（的書）」，祈禱曾經去過死者世界的人，來世也能夠在陽光的沐浴下生活。不過，在前往來世的各種場景當中，會出現妨礙前進的礙事者，途中也會遭遇各式苦難；為了克服這些困難，需要準備用來克服這些困難時念誦的必要咒語。平民的死者之書中每個場景都配有插畫，以幫助人們理解。

此外，新王國時期的法老陵墓中，也開始描繪以冥界為主題但內容有別於前述的壁畫，主要描述當太陽沒入地平線之後，也就是從西邊的地平線進入地下世界之後的情景。壁畫將冥界分為十二個小時，太陽將與眾神一起擊退邪惡的魔物，持續地前進。想必這樣的內容正是祈禱法老的復活，能像太陽每日的重生一樣吧。

太陽一關接一關地持續移動，排除萬難，消滅邪惡的魔物，再進入下一個場景，陵墓中描繪的太陽冥界之旅也是以這樣的方式展開，通過各個時間的關卡，進入下一段時間。由此看來，今天的角色扮演遊戲的創意原點，說不定就是來自古埃及時代呢。

棋盤遊戲的創意

棋盤遊戲是古埃及人喜歡的遊戲之一，這有可能正是根據死後穿越到來世的場景而思考出來的。

遊戲場景

森內狄恩（Sennedjem）和他的妻子埃－尼菲爾蒂（Iy-neferti）在草庵內玩塞尼特棋。圖中之所以沒有下棋對手，是因為玩這個遊戲具有宗教上的意義。此為《死者之書》第17章的插畫。草庵前的夫妻靈魂 b_3 正獻上麵包和蔬菜等供品。

新王國時期，約1280 BC，森內狄恩之墓，埃及博物館（開羅）［JE 27301］

塞尼特棋

圖坦卡門的陪葬品之一。在木板上發現象牙製的兩種棋子，以及關節的骨頭。

埃及博物館（開羅）［JE 62059］

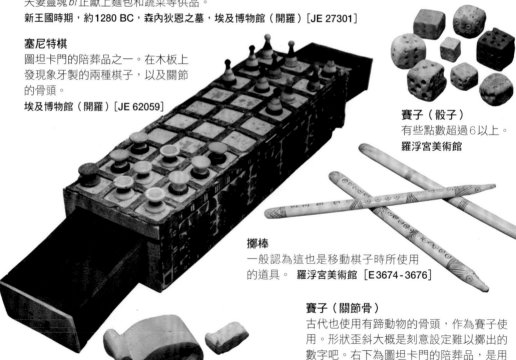

賽子（骰子）
有些點數超過6以上。
羅浮宮美術館

擲棒
一般認為這也是移動棋子時所使用的道具。 **羅浮宮美術館 ［E3674-3676］**

賽子（關節骨）
古代也使用有蹄動物的骨頭，作為賽子使用。形狀歪斜大概是刻意設定難以擲出的數字吧。右下為圖坦卡門的陪葬品，是用象牙製成。賽子也稱作「骰子」。有時也會像其他3個賽子一樣，用石頭等仿效骨頭的形狀製作。

羅浮宮美術館 ［E11171、E21565、N1830］
埃及博物館（開羅）［JE 62059 V］

遊戲場景

遺憾的是，照片上方的壁畫遺失了。這幅圖描繪大臣梅雷魯卡（Mereruka）正在和貌似其兒子的人物下棋，呈現出古王國時期，人們在日常生活中充分享受遊戲樂趣的景象，大概希望也能在來世享受這種親子間的快樂時光吧。人體的大小按照梅雷魯卡本人、家族成員、家臣的順序改變，這種用大小來呈現人物的重要性是古埃及藝術的一種特色。

古王國時期，約2300 BC，Mereruka的平頂墓（薩卡拉）

　　這裡所說的棋盤遊戲是埃及出土，約為早期王朝時期的墓葬陪葬品，其起源被認為是在統一王朝之前的納卡達（Naqada）文化時期。從現狀來看，目前在世界各地發現的棋盤遊戲古物中，古埃及人的棋盤遊戲是最古老的。據說日本的雙六也是經由絲路，在中世紀與中國貿易時引進國內。

　　當時的棋盤遊戲是以什麼樣的規則來進行？我們只能透過出土的棋盤等物品來推敲。透過骰子（動物的關節骨頭、指關節）或賽子、加工成棒狀的牙齒（主要為河馬）等物品，可以看出似乎是擲出數目的方式來移動棋子。

　　早期王朝到古王國末期這段期間，人們最喜歡玩一種名叫盤蛇圖（*mḥn*）的圓盤狀棋盤遊戲。*mḥn*（右）一詞源自於「纏繞

[上] 盤蛇圖
阿拜多斯出土。
早期王朝時期，新埃及博物館
（柏林）[AM 13868]

[右上] *mḥn*
咬住自己尾巴的蛇，象徵沒有開始和結束，
完全永恆的事物。這條蛇圍繞著圖坦卡門木
乃伊的頭部，被認為是希臘流傳的銜尾蛇。
圖為圖坦卡門第二個櫥櫃的浮雕（參照後篇
第46頁）。
埃及博物館（開羅）[JE 60666]

[右下] *mḥn*
往冥界前進的太陽船上，太陽神拉立於櫥櫃
中，由*mḥn*守護著。
新王國時期，第19王朝，約1200 BC，塞提一
世的陵墓（路克索西岸）

成一團」的蛇神，棋盤是將纏繞在
一起的蛇身加以細分，在蛇身上面
下棋。人們相信*mḥn*會圍繞在航行
於冥界的太陽船上，守護太陽神拉。

　塞尼特棋（右上）和*mḥn*一樣，都是自古以來流傳下來的
棋盤遊戲。在新王國時期，人們不僅將其作為娛樂，也與來世
信仰聯繫在一起，因此備受關注。塞尼特一詞源自*sni*「通過」
（右下），正如「通往光明（的書）」（俗稱《死者之書》）的第
17章（第76、82頁）所記載的一樣，死後於來世復活的過程被認為是重複的
內容。雙六中所謂的「上升」，大概就是來世的意思吧。

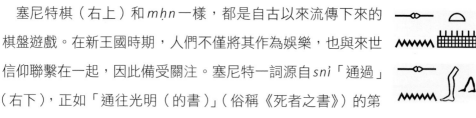

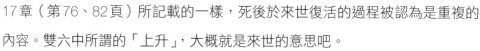

―第1章―
金字塔銘文與棺槨文

卡塞凱姆威王的圍牆

四周有兩層泥磚牆壁環繞。外牆長約137公尺，短約77公尺，厚約5公尺，高約12公尺；內牆長約123公尺，短約56公尺，厚約3公尺，高約8公尺。東角和北角各有一處入口，這些入口以前立有石柱，似乎也有大門。只不過時至今日，從牆壁包圍的中庭裡仍未發現明確相關的遺蹟。

從這裡往南約1.6公里處也建有陵墓，可以看出在這片耕地附近曾舉辦過葬禮儀式。1991年，在這個圍牆的東側發現了收納船隻的遺蹟，從2000年展開的挖掘作業中，確認共有14艘船，這是非常重大的發現。這些都是第1王朝後期的建築，可以認為在建造卡塞凱姆威的圍牆時，曾將這些船的埋葬設施納入考量。　**早期王朝時期第2王朝，約2700 BC（阿拜多斯）**

葬祭文以前

與新王國時期壯麗的陵墓不同，埃及統一王國興起之初的陵墓連受葬者是誰都不清楚。早期第一到第二王朝的法老們，都是選擇阿拜多斯作為他們的墓地。大概是因為這裡距離他們的出生地和活動據點比較接近，自古以來就是埋葬祖先的地方吧。

古代的墳墓，只是在沙漠中挖洞穴，用泥磚砌牆以防止砂土崩塌，設置數個墓室和存放供品的房間。墳墓的上方用蘆葦或樹木

卡塞凱姆威王的圍牆

牆壁的外觀，設置了仿造王宮外觀的壁龕，並塗有白色的化妝土。

覆蓋，築成低矮的泥丘，最終將墳墓隱藏起來。在離墓地稍遠的生活區域（綠地）附近築起泥磚圍牆，看似是在那裡舉行葬禮和祭祀儀式。

　　然而沒過多久，陵墓開始豎立刻有名字（荷魯斯名）的石碑（stela），人們得以知曉受葬者是何人。隨著王權逐漸強盛，墓地的規模（存放陪葬品的地方）也跟著擴大。法老在生前就開始興建自己的墳墓，並將去世後所需的物資全都運送到地下。人們在豎立石碑的地方獻上供品，舉行祈禱儀式，希望傳達給已故的法老。

歐西里斯神廟
卡塞凱姆威法老的圍牆
塞提1世的靈殿
早期王朝時期的陵墓群
乾谷
©Google Earth

早期王朝時期的陵墓群

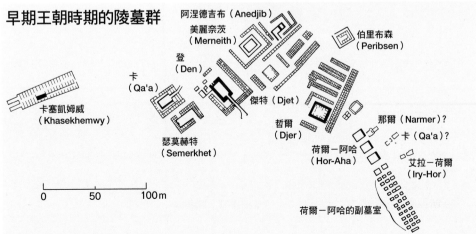

阿涅德吉布（Anedjib）
美麗奈茨（Merneith）
伯里布森（Peribsen）
登（Den）
卡（Qa'a）
傑特（Djet）
卡塞凱姆威（Khasekhemwy）
那爾（Narmer）？
卡（Qa'a）？
哲爾（Djer）
瑟莫赫特（Semerkhet）
荷爾－阿哈（Hor-Aha）
艾拉－荷爾（Iry-Hor）
荷爾－阿哈的副墓室

0　50　100m

[下] 美麗奈茨的石碑
早期王朝時期第1王朝，約
3000 BC，阿拜多斯出土，
埃及博物館（開羅）
[JE 34450]

卡塞凱姆威陵墓遺蹟
挖掘後被回填。從裡面可以看到乾谷（wadi）一直延伸到來世與冥界
的景觀，可以想像死者可能是從這裡得到神的引導前往。（**阿拜多斯**）

墓碑
殉葬的僕人（左）和寵物狗（右），
其石碑也豎立於墳墓當中。
早期王朝時期第1王朝，約3000 BC，阿
拜多斯出土，羅浮宮美術館 [E 21715、
E 21702]

這時，人們開始對死後的世界有了具體的印象。第一王朝的第二位法老哲爾（Djer）的陵墓周圍，共埋葬了326名殉葬者，這或許是根據他們死後也要侍奉法老的來世觀才這麼做。不過，到了第二王朝的法老卡塞凱姆威（Khasekhemwy）時，殉葬者只剩下3名，此後再也看不見殉葬者，可見來世觀在這段期間出現了變化。

墓地內部的構造，是將現世王宮的私人空間帶入其中，甚至還備有廁所。總之，古埃及人相信死後也會繼

登的陵墓（復原）
牆壁等部分是用泥磚砌成，地板鋪設亞斯文生產的花崗岩。這是首座使用石材建造的墳墓。走下入口階梯進到墓室的構造也是首次出現，階梯中間設有木門，以便死後供祭時得以追加供品。墓中約有136名男女殉葬者。
早期王朝時期第1王朝，約3000 BC（阿拜多斯）

續過著與現世相同的生活，因此在興建墳墓時，才會採取類似搬家的方式。引導死去的法老前往來世的神祇，是一位名叫威普哇威特（Wepwawet）的胡狼神（埃及胡狼 *Canis anthus lupaster*）。在後述的金字塔銘文中，記載威普哇威特開闢天空，如同太陽一般引導死者升天，引領他們從東方的地平線中現身（301、304章）。由這段描述可以推斷，相關神話正是從這個地區開始流傳。

到了第三王朝，陵墓遷移至政治中心——孟菲斯的墓地薩卡拉，逐漸發展成金字塔的形式。第二王朝中至少有兩位法老在薩卡拉興建陵墓，但大多數的陵

威普哇威特
除了引導死者前往來世的任務之外，後來似乎也和讓死者在來世說話飲食的「開口儀式」有關。
[左] 第18王朝，阿蒙霍特普三世的靈殿，約1400 BC（路克索西岸）
[右] 第19王朝，塞提一世的靈殿，約1290 BC（阿拜多斯）

墓仍然建在阿拜多斯。順帶一提，現在的地名「薩卡拉」，語源來自獵鷹形象的墓地守護神索卡爾（Sokar）的名字。

　　侍奉第三王朝首位法老左塞爾（Djeser，或拼為Netjerikhet）的大臣兼建築師印和闐（Imhotep），他將過去的圍牆、祭祀與埋葬設施整合成一體，並且將從前只能用於墓室等處的部分石材作為主要材料。

加上當時的王權正急劇上升，農作物豐收，銅礦和綠松石的開採量增加；人與人的交流日益頻繁，使得文字的資訊傳遞、管理時間的天文學、建築營造所需的數學、土地測量、工藝技術，以及國家的形態也跟著蓬勃發展。

這進一步促成創新的石造建築誕生。從生前就開始準備的左塞爾之墓，一開始是用石頭堆砌而成的梯形墳丘，但在建造過程中開始擴建。整個墓地擴大後，接著向東側擴大，這時出現了微妙的高低落差，使得一部分呈現階梯狀。也許是受此啟發，首先堆成4層，最終總共堆成6層。

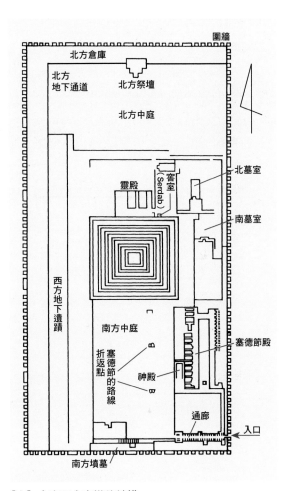

[上] 左塞爾金字塔的結構
圍牆東西長約277公尺，南北長約545公尺，高10.4公尺。

[左] 左塞爾階梯金字塔
金字塔主體的長邊約121公尺，短邊約109公尺，高約62.5公尺。前面的塞德節殿，在現世是用樹木和蘆葦莖等材料建造，但這座用於來世祭祀的設施，大門也全是以石灰岩製，因此無法進入。

右邊的照片是金字塔的東面，可以看出增建後的接合部分。
古王國時期第3王朝，約2600 BC（薩卡拉）

階梯金字塔的南方中庭
塞德節有個重要的奔跑儀式,藉此展現法老是否仍具備足夠的體力繼續統治。南方中庭設有這個儀式的折返點。折返點之間的距離約60公尺。

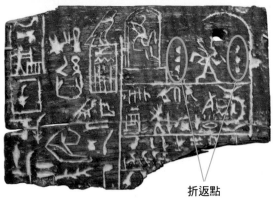

折返點

法老登的標記
供品附帶的標記上刻有法老坐在塞德節殿及奔跑的形象。
早期王朝時期第1王朝,約3000 BC,大英博物館〔EA32650〕

最重要的活動:塞德節

　　左塞爾陵墓中最值得注意的是,在這座複合設施中,出現了一部分的「塞德節」設施,地下的通廊也留下刻有法老觀賞塞德節的浮雕形象。這是初期的老法死後最想刻在陪葬品上的一大重點。

　　塞德節是法老生前用來祈禱自己得以永遠統治而舉行的一種儀式。「塞德」(sd)被認為是和前面提到的威普哇威特(Wepwawet)有關的神,或者是作

| sššt 叉鈴 | mnit 串珠胸飾 | rnpt Renpet權杖 |

[上] 塞提一世與伊西斯女神、荷魯斯神
塞提一世從伊西斯手中取得叉鈴（樂器）和胸飾（項鍊），以及塞德節的象徵。塞德節的標誌懸吊於記錄年月的 Renpet 權杖上。
新王國時期第19王朝，約1300 BC，塞提一世靈殿（阿拜多斯）

[右下] 塞德節（ḥb-sd）的聖書體
專為上埃及和下埃及舉辦的儀式，因此兩個祀堂是以背對背的形式呈現。

為類似的神而受到崇拜的神祇。這個儀式的性質與其說是展示王權本身，不如說是法老必須承擔起維護國家秩序和正義的責任，引導國家邁向永恆。或許與後世重視的瑪亞特女神（象徵秩序與正義）意義更為相近吧。

塞德節的起源，似乎是從統一王朝以前即開始。當權者由於年老等因素而引來體力衰弱的疑慮時，會暫時放下權力（有時會殺死法老，或進行殺害儀式），在民眾面前舉行獲得新的統治力量的儀式，其目的應該是為了以重獲新

[上] 法老紐塞拉的塞德節　位於 Abu Gorab，為法老的太陽神廟內的浮雕。法老打扮成下埃及國王的形象，正在參與各式各樣的儀式。
古王國時期第5王朝，約2375 BC，新埃及博物館（柏林）[AM 20078]

法老紐塞拉的太陽神廟
組合代表「供品」和「太陽」文字（見右圖）形狀的祭壇。
古王國時期第5王朝，約2375 BC，Abu Gorab

htp
供品

r'
太陽神拉

[左] 曼圖霍特普二世的雕像
頭戴象徵下埃及國王的紅冠，身著與白色身體相符的服裝，此為法老在塞德節的形象。黝黑的皮膚象徵沃土的顏色，代表穀物和植物的再生及豐收。
中王國時期第11王朝，約2050 BC，埃及博物館（開羅）[JE 36195]

在蒙圖神的守護下奔跑的拉美西斯二世
拉美西斯二世頭戴象徵下埃及國王的紅冠奔跑，其身後畫著3個折返點的標誌。從法老登開始，這項儀式歷經了近2000年，對法老而言，這依然是維持王權的重要儀式。
新王國時期第19王朝，約1250 BC，卡納克神廟（路克索）

生的法老身分贏得眾人認可。

王朝時期，法老會在成為統一者後的第三十年舉辦最初的塞德節，之後每隔三～四年舉行一次。對法老而言，最理想的情況是永遠延續這項儀式，所以神廟等處的壁畫上經常出現祈禱儀式永存的主題。這些壁畫後來逐漸形式化，即使法老的實際統治年數未滿三十年，也依然會藉由壁畫展現這類祝禱。

第三王朝的左塞爾王以後，法老獲得絕對的權力，在第四王朝的斯尼夫魯（Sneferu）、古夫（Khufu）、卡夫拉（Khafra），巨大金字塔建築達到頂峰。這段時期的法老，對於死後也能維持統治，成為永遠的存在一事深信不疑。而承諾王權永遠更新的塞德祭，就成了他們死後最關心的一件事。

金字塔銘文

烏尼斯王的金字塔銘文［左］與墓室［上］

特徵是石灰岩堆砌而成的牆面上以藍色顏料上色的文字。部分墓室、前室、通廊都刻著
密密麻麻縱向書寫的金字塔銘文。石棺由灰色砂岩製成，石棺周圍的牆壁飾有仿造王宮
外觀的裝飾。天花板代表星空＝夜晚，也就是冥界。

古王國時期第5王朝，約2340 BC，烏尼斯王金字塔（薩卡拉）

mnis

　約西元前2400～2300年，從古王國時期第五王朝末期開始，到第六王朝第一中間期的第八王朝這段期間，在首都孟菲斯的墓地薩卡拉，法老和王后的金字塔內部的牆壁和石棺都刻有金字塔銘文，這是王族專用的葬祭文。

　在作為埃及象徵之一而聞名的吉薩金字塔時代，也就是建造巨大金字塔的第四王朝，並沒有發現這類文書。第三王朝以後，當時的法老擁有絕對權力，地位就有如現世人神，或許就是如此才不需要這類文書吧。

　然而，在吉薩高地的第三座規模較小的金字塔，也就是孟卡拉金字塔之後，情況開始出現變化，下一任法老謝普塞斯卡弗（Shepseskaf）不再建造金字塔。到了第五王朝，法老又再度開始建造金字塔，但規模遠比第四王朝的金字

**烏尼斯王的金字塔［上］
和平面圖［右］**

平面圖和上方照片方向相同。
金字塔的化妝石、設置在東側
的祭祀設施、衛星金字塔等，
幾乎都沒有保留下來。
金字塔的底邊約57公尺，高約
43公尺。

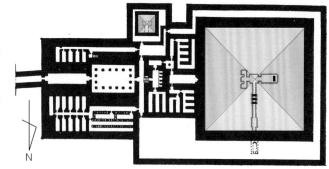

N

塔還要小，也較為簡樸，很明顯可以看出法老的權力逐漸式微。因此，法老開始篤信赫里奧波里斯（Heliopolis）的太陽神拉，並以「太陽神拉之子」（$s3r'$）之名自稱，且為拉神設置了神廟（太陽神廟）。每天升上天空的太陽，與法老的形象重疊在一起，或許是當時的人們相信死後的法老會與太陽同在吧。太陽神拉之子，就意謂荷魯斯神。

　　太陽神廟之中，以紐塞拉王遺跡的保存狀態較為良好，這裡也描繪著蒙受太陽神恩惠而孕育富足大自然（季節動植物）的浮雕，以及法老參加塞德節的形

**特提王的金字塔銘文［上］
與金字塔［右］**
特提是烏尼斯的繼任者，
第6王朝的初代法老。金
字塔的底邊約78.75公
尺，高約52.5公尺。
**古王國時期第6王朝，
約2300 BC（薩卡拉）**

tti

象（第32頁）。從這裡也可以看出，在法老心目中的死後世界，舉行塞德節是
他最重要的夙願。

　　然而，太陽神廟的建造並沒有辦法阻止王權衰退的腳步；大約150年後，在
第五王朝末期法老烏尼斯（Unas）的時代，太陽神廟開始停止興建。不知是
否法老死後視為神永遠存在的信仰出現動搖，轉而在金字塔的通廊、墓室，以
及石棺上開始寫滿密密麻麻的葬祭文，這些文書就是俗稱的「金字塔銘文」。
現在確認的金字塔銘文，除了最初的烏尼斯王（第五王朝末期），和最後的第

烏尼斯王的金字塔前室

此為東面的牆面，第48頁圖⑥的位置。密密麻麻寫滿一整面牆的銘文讓人目不暇給，三角形的山牆上可分為上下兩部，分成兩段書寫。上部的銘文記載著有關遠古食人習俗的內容（第50頁）。彎腰穿過下方的通道，對面是有3個壁龕的禮拜室，或是被視為窨室（供奉死者雕像的房間）的空間。裡面沒有任何文字，一般認為這裡是用來放置3座雕像的地方。

八王朝卡卡拉‧伊比（Qakare Ibi）王以外，其他都源自於第六王朝。截至目前為止，共有6座法老金字塔和5座王后金字塔中保存金字塔銘文。

至二十世紀中期葉為止的研究，金字塔銘文全部共分為759章，後來隨著新的出土發現和研究文章，章節數量變得眾說紛紜，因此本書約略分為「800章」。沒有任何一座金字塔將所有的銘文都書寫出來，其中擁有最多章節的是佩皮二世的金字塔，其數量多達675章。

開口儀式

psš-kf 道具組
中央魚尾形狀的 psš-kf（分叉刀），以及左右對稱擺放香油容器
等做法，被認為是用以區別上埃及王和下埃及王的儀式。
年代不詳，羅浮宮美術館 [E11140]

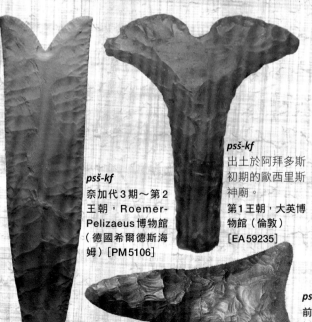

psš-kf
奈加代3期～第2
王朝，Roemer-
Pelizaeus博物館
（德國希爾德斯海
姆）[PM5106]

psš-kf
出土於阿拜多斯
初期的歐西里斯
神廟。
第1王朝，大英博
物館（倫敦）
[EA59235]

psš-kf
前王朝時期～第2王朝，埃及博物館
（義大利杜林）[C.6281/1]

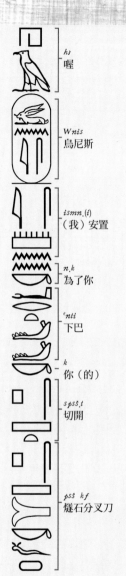

h3	喔	
Wnis	烏尼斯	
ismn (i)	（我）安置	
n k	為了你	
ʿnti	下巴	
k	你（的）	
spsš t	切開	
psš kf	燧石分叉刀	

金字塔銘文第37章
「喔！烏尼斯啊，我用分叉刀為
你切開，將你的下巴（整齊地）
安置。」
摘自烏尼斯王金字塔，墓室北側牆
壁，上層中央

開口儀式

繼任法老阿伊（Ay）為去世的圖坦卡門法老進行開口儀式。

圖坦卡門以裹著白布的歐西里斯神（冥界之王）形象站立。阿伊雖戴著象徵法老的藍冠，卻是呈現披著豹皮的神官形象。阿伊手持被稱為 *mshtyw* 的手斧，正準備切開木乃伊的嘴巴。

兩人之間可以見到裝有香（描繪成圓珠）的容器、*mshtyw* 手斧、羽扇、握柄呈牛腿造型的金色扇子，以及金色手指形狀的工具。牛腿肉和手斧一樣稱為 *mshtyw*，這些形狀有時也用來表示北天的北斗七星（P.62）。

手指工具可能是塗抹香油或軟膏的時候使用。另一說認為，人們會用手指從剛出生的嬰兒口中挖出穢物，這和對開口重生的死者所做的事如出一轍。

新王國時期第18王朝，約1340 BC，圖坦卡門王墓（路克索西岸）

赫里奧波里斯遺址
如今遺址只剩下第12王朝辛努塞爾特一世的一根方尖碑（obelisk），以及第18王朝阿蒙霍特普三世建造的神廟部分圓柱。 **開羅**

　　中王國時期以後，法老的金字塔和王墓中都找不到金字塔銘文。但在中王國時期，形式出現變化，金字塔銘文開始以「棺槨文」的形式寫在私人棺木上；到了新王國時期，私人墓穴的壁畫也出現摘錄的金字塔銘文。

　　這類銘文的內容分為兩種，一種是神官為法老舉行儀式時所念誦的經文，另一種是身為墓主的死者為了祈求死後平安生活而念誦的內容。

　　在神官念誦的經文中，死去的法老進行木乃伊化處理之後，經過供奉供品等數個儀式，通過接受「開口儀式」後，法老就能恢復說話和飲食的功能。到了新王國時期，不限於王室墓和私人墓，開口儀式被公認是死者於來世復活的重要儀式。除此之外，還有戴上王權象徵物、在黎明舉行等等眾多的儀式。

另一方面，墓主念誦的則是類似祈禱守護的咒語，希望魔物（巨蛇阿佩普或蠍子等）不會在死後的世界對死者造成危害。這種對死者的守護，與現今日常生活中自古以來的習俗或禁忌是共通的。其中也不乏法老死後掌握飛行能力（飛向天上），還有提及燈火、樓梯、梯子等死後必需品。法老不僅會向神祇祈求守護，有時也會命令神祇來實現他的要求。

書寫這些金字塔銘文，人們得以相信法老的來世受到保障。然而法老死後的生活型態不只一種，有些人認為法老靈魂（ȝḫ）離開肉體後順利升天，與不會沒入地平線的北天星座同在；有些人則認為法老的靈魂會和太陽神拉一起乘船，每天不斷於天空航行。

左塞爾王金字塔的靈殿設在北側，這可能是基於北天星座的信仰吧。其後，從第四王朝的斯尼夫魯王金字塔開始，祭祀法老的靈殿設置在東側，這是因為赫里奧波里斯的太陽信仰，也就是供奉太陽神的神官權力日益增加的緣故。一般認為，侍奉太陽神拉的神官參與了經文的製作，然而在金字塔銘文中，儘管信仰形式產生變化，但古老的事物和新興的事物都會融合起來納入其中。可能是為了避免出現疏漏，因此才慎重地選擇經文吧。後世撰寫的金字塔銘文中，甚至出現法老和北天星座一同乘坐並操控太陽船航行的內容（469章）。

除此之外，還有出現在南方天空、沒入地平線，反覆出現的sȝḥ（獵戶座腰帶的三顆星）一起在天上旅行，或者與歐西里斯神共同在冥界旅行等來世的記載。既有與神同在，抑或法老以神的身分在天上不斷重生復活的來世，也有法老安頓在沒有疾病、死亡、飢餓、口渴的永恆樂園雅盧（iȝrw）的記載。供品的平原、胡狼的湖泊、呈旋渦的水路等，似乎也都是重要的場所。

綜上所述，死者所前往的冥界、來世安頓在有如樂園般的場所，這些在當時人們的印象中是多樣化且模糊曖昧，使得大家對於死後的行事深感興趣。

佩皮一世的金字塔銘文

金字塔銘文是1880年於佩皮一世（Pepy I）的金字塔中發現。佩皮一世的金字塔銘文多達2263行，內容最為豐富，被視為研究的基礎。

古王國時期第6王朝，約2300 BC，印和闐博物館（薩卡拉）[CG 1705]

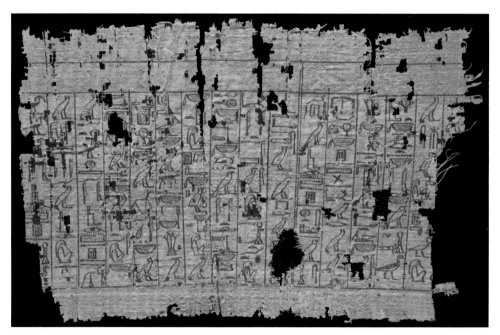

金字塔銘文的副本

中王國時期，金字塔銘文開始抄寫在莎草紙上，供奉於私人墳墓裡。這張圖是690章的一部分。

中王國時期第12王朝，印和闐博物館（薩卡拉）[SQFAMS 359]

古埃及人的靈魂

　　人類一旦死亡，肉體就不會產生反應，變得一動也不動。雖然人們可以理解肉體的死亡，但死者的人格、伴隨死者思想的靈魂、如同執念般有力量的想法等，生者仍會試著努力去感受它。古埃及人也曾思索人類迎來肉體的死亡，以及重生信仰的建構。遺憾的是，現代人並無法徹底理解他們的想法。

⌖ 肉體（ḫt）

◯ I 為了保持生前模樣，對肉體進行木乃伊化的防腐處理加以保存。古埃及人認為這個肉體對於重生復活不可或缺，為了保證全身能完整保存而下了不少工夫，比如用填充物防止眼窩凹陷，用黑曜石或水晶等充當義眼，使用金指套來保護手指等容易損壞的部位。製作木乃伊成為一種習俗，隨著時代變遷，平民也開始製作起木乃伊，並進行「喚醒儀式」、「開口儀式」等葬祭儀式。

荷爾王的靈魂（k₃）雕像
第一中間期第 13 王朝，約 1780 BC，埃及博物館（開羅）[JE 30948]

森內狄恩和妻子 Iyneferti 的靈魂（b₃）
新王國時期第 19 王朝，約 1250 BC，森內狄恩之棺，埃及博物館（開羅）[JE 27301]

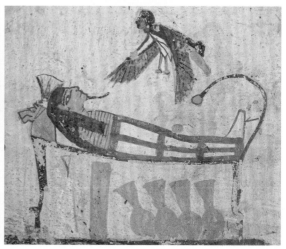

木乃伊和靈魂（b₃）
新王國時期第 19 王朝，約 1250 BC，Neferrenpet 之墓（路克索西岸）[TT 178]

kʒ

樣貌酷似死者的靈魂。在描繪庫努牡神創造人類的場景浮雕上，有些是同時呈現肉體和 *kʒ*，也有像雙胞胎一樣兩座雕像並列。保存在墳墓裡的死者雕像、壁畫和浮雕等，都作為 *kʒ* 保留下來。*kʒ* 經常用雙臂來呈現，有時也能看見雕像頭頂雙臂的樣貌。人們相信生命力和活力是靠供奉的食物和飲料來維繫，即便不是真實的物品，寫在墓壁上的供品列表、壁畫和浮雕上的供品、模型的供品等，也具有同樣的效果。

bʒ

類似已故人物的人格、本質、個性般的存在。人頭鳥身的形象，用非洲禿鸛的文字來表示。*bʒ* 會通過墳墓和禮拜堂的假門往返於來世和現世之間，享用供奉的飲料和食物，人們相信它會按照死者的氣質和癖好行動。

bʒ 在死後的世界與 *kʒ* 合體，作為「*ʒḫ*」（受到祝福的人）於冥界永遠生活。聖書體是以非洲禿鸛和公羊來表示，因此在冥界（夜晚），*bʒ* 有時會以羊頭的形象示人。

ʒḫ

kʒ 和 *bʒ* 於冥界樂園雅蘆合體，作為「受到祝福的人」，成為永恆不滅的存在。在聖書體中是以隱鸛來表示。

就像我們雙手合十許願向祖先祈求幫助一樣，古埃及人也相信，只要向成為歐西里斯的祖先許願，神祇和精靈就會帶來幫助。但是，如果忽視祭奠祖先的話，死者就會四處遊盪（幽靈，P.66），人們相信會因此遭受疾病和不幸等報應。

šwt（影子）

從墳墓的禮拜堂現身的景象。

新王國時期第19王朝，約1250 BC，Nebenmaat之墓（路克索西岸）[TT219]

šwt

人們認為世上不存在沒有影子的人，因此影子也是一個人的要素之一，完全不足為奇。我想應該有不少人都玩過「踩影子遊戲」吧，*šwt* 就是以全身塗黑的人來呈現。右邊的文字是簡化的形態。

名字（rn）

從王名被「無盡之環」象形繭（cartouche）包圍就能看出，人們認為只要將名字留存下來，其人和成就就能永世傳頌，長久流傳下去。當時的人們相當熱衷於「留下名字」的行為，這一點從眾多的古物中即可窺見一斑。被否定存在的人，名字往往會遭到抹除。

名字遭到抹除的王棺
新王國時期第18王朝，埃及博物館（開羅）[JE 39627]

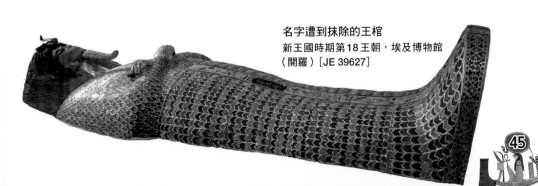

出現在烏尼斯的金字塔銘文213-219章的歐西里斯神稱號
代表歐西里斯神的聖書體是由「眼」和「王座」組合而成，主要
拼寫方式如右所示。最右邊的聖書體是烏尼斯王的名字加上歐西
里斯的稱號，表示他已成為冥界之王歐西里斯。後世的平民也會
使用這些文字作為表示「故人」的稱號。

金字塔銘文與歐西里斯

在金字塔銘文中，死去的法老被稱為「歐西里斯」，這一點也值得注意。在
這個時代，太陽神拉的存在感非常崇高，但在後世的「死者之書」中，歐西里
斯卻是受到平民廣泛信仰的死者最高神。

根據傳說，歐西里斯是傳說中的明君。他的弟弟名叫賽特（Seth），妹妹為
伊西斯（Isis）和奈芙蒂斯（Nephthys）。歐西里斯娶伊西斯為妻，賽特娶奈芙
蒂斯為妻；歐西里斯和伊西斯生下兒子荷魯斯。如前所述，荷魯斯也是太陽神

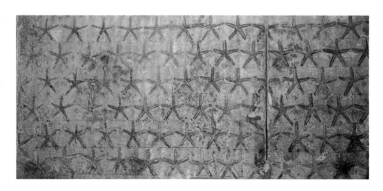

烏尼斯王金字塔內部的天花板

整面畫滿星辰，被認為是夜晚和冥界的形象。隱約可見的紅框方格是工匠為了整齊畫出星辰而描繪的輔助線。

拉的兒子。

某天，賽特以卑鄙的手段殺害歐西里斯，把他的遺體肢解散落到埃及各地。現今埃及有幾個地名都叫作阿布西爾 （Abusir），相傳這是根據古代名 *pr wsjr*（「歐西里斯之家」的意思），以及源自科普特語 ⲃⲟⲩⲥⲓⲣⲓ 的阿拉伯語 ابو صير（歐西里斯），在此發現歐西里斯的肉體傳說而來。

這件慘劇發生後，伊西斯四處尋找並蒐集歐西里斯的肉體（製成木乃伊），施展巫術使其重生。後世的歐西里斯之所以以身著貼身白衣的形象現身，正是根據當時的樣貌而來。

復活的歐西里斯成為冥界之王，現世的王位本應由荷魯斯繼承，卻又遭到賽特搶奪。荷魯斯為了正式繼承王位，不得不向賽特報殺父之仇，儘管在戰鬥的過程中失去了左眼，但依然大仇得報，終於登上王位。

換言之，這個神話告訴我們，法老去世後，透過製成木乃伊的儀式，便能夠於來世化身為歐西里斯；而繼承王位的法老，在這個世上是以荷魯斯的形象示人，這可以說是古埃及宗教的根本。後世，金字塔銘文的形式逐漸轉變為平民使用的「棺槨文」（Coffin Texts）和「通往光明（的書）」（死者之書）。歐西里斯神話被繼承下來，成為歐西里斯的特權不再是法老的專利，在平民之間也逐漸普及開來。

烏尼斯王的金字塔銘文

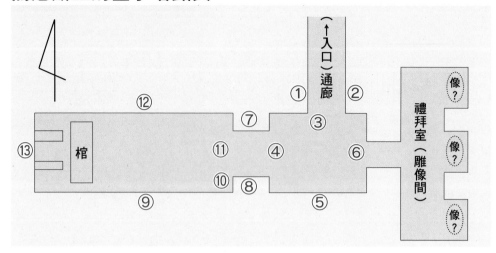

①前室入口的通廊西牆：313-317章
烏尼斯像荷魯斯（獵鷹）一樣翱翔天際（313章）。烏尼斯也被視為狒狒和最雄壯的公牛，藉此暗示重新找回性能力和繁殖能力。也有繪畫呈現，法老身為狒狒群其中一隻，擺出崇拜日出的姿勢（315-316章）。此外，烏尼斯也會化身為尼羅河泛濫時現身的索貝克神（Sobek，鱷魚）。偉大女神的腿和尾巴從太陽光線中露了出來，呈現綠色羽毛和容貌端正的形象。祂來到一個和平的地方，那裡有地平線的綠色牧場。烏尼斯把地平線的兩岸變成綠意盎然的耕地，繁衍生息（317章）。

②前室入口的通廊東牆：318-321章
烏尼斯吞下7條眼鏡蛇（Uraeus）後，長出7根頸椎骨。祂吃下沒藥（Myrrh）。祂吸收沒藥。祂的指甲上滿是沒藥。祂獲得諸神的權力（318章）。
作為公牛的烏尼斯，豐富了如青金石般的礦物資源，使植物生長茂盛。祂將一統天上，統治全國各地的神祇，並建立都市（319章）。
烏尼斯控制了夜晚，把星辰送往天上。烏尼斯是夜晚的主人（320章）。
把獻給歐西里斯的供品交給烏尼斯，使其得以升天。烏尼斯將成為太陽神拉在天上的守護神而活躍（321章）。

※前室主要記載著升天的烏尼斯於來世和眾神相遇等內容。

③前室北牆：302-312章
天狼星和開路者們幫助化為荷魯斯（獵鷹）的烏尼斯升天。天空女神努特解開臂套。東西南北諸神都為祂的升天準備好蘆葦浮具（302-303章）。為升天的烏尼斯設置梯子（304章）。梯子是由拉神結成，各式各樣的神都協助烏尼斯升天（305-306章）。
烏納斯出生在（太陽神拉的聖地）赫里奧波里斯。烏尼斯化身公牛，從赫里奧波里斯來到綠色的耕地上，為此處帶來豐收（307章）。
烏尼斯和太陽神同乘太陽船。烏尼斯守護太陽船的航行。許多神都向祂致上讚詞（308-311章）。

④前室西牆上部：247-253章，下部：254-258、260章
這部分描述烏尼斯繼續升天的內容。連眾神都讚揚烏尼斯的偉大，祂能夠帶來豐收、消除危害、維護社會秩序等。太陽神拉、天空女神努特、大氣之神舒，祂們都牽著烏尼斯的手，將祂拉上天空

（247-253章）。

準備好接受可帶來富裕的烏尼斯體制。過程中，烏尼斯受到擬人化的西方女神迎接，被引導至「供品平原」。與他敵對的邪惡勢力被徹底消滅（254章）。

作為烏尼斯的荷魯斯，繼承大地之神蓋布（Geb）和創造神阿圖姆（Atum）的力量，不僅受傷的眼睛痊癒，力量也恢復到最強的狀態（256章）。烏尼斯成為萬物的主人，連天上也受到祂的支配。烏尼斯平穩地前進，於西方生存，再度於東方的地平線上閃耀光芒（257章）。

烏尼斯朝沙塵暴前進。經過荷魯斯之眼淨化後，傷口痊癒了。烏尼斯在風中升天，沒有人能妨礙祂（258章）。

※南牆接續260章

錯字的修正

⑤前室南牆：260-272章
烏尼斯作為瑪亞特（正義、真理、秩序）的守護者，審判並懲罰爭辯者（260章）。烏尼斯可與閃電並論，到達天空的盡頭。祂站立在天蓋的東邊，升天之物皆被帶到祂的面前，那是暴風雨的訊息（261章）。向眾神祈求保佑烏尼斯，使祂得以穿越險境，抵達天空的高處（262章）。

天上為祂擺放了兩根蘆葦浮具。祂既是拉，也是地平線的荷魯斯。烏尼斯從地平線的東邊遠渡而來。祂的妹妹是天狼星，冥界孕育出祂（263章）。祂乘著裊裊香煙上升。祂化為鵝鳥飛了起來，降落於拉在天之聖船的座位上（267章）。烏尼斯成為埃及法老。埃及（兩國）發出燦爛光芒，諸神紛紛現身（268章）。諸神皆愛戴烏尼斯。想必烏尼斯的土地永遠都不會乾涸（269章）。烏尼斯是天之船員一事被回想起來。祂是運送諸神的人（270章）。烏尼斯像尼羅河一樣，為大地帶來泛濫，為生者帶來財富（271章）。烏尼斯住在nnw的門，這扇門是為祂而開（272章）。

⑥前室東牆上部：273-276章，下部：277-301章
這裡可以看見遠古時代就有食人習俗的記載。人們認為，只要將經驗豐富、充滿智慧的長老吃掉，就能將這些通通吸收（273-274章）。
在冥界中前進的烏尼斯受到許多咒語的保護，使祂免於受到蛇、蜈蚣、蟲等魔物的妨礙（277-301章）。

⑦前室和墓室之間的北牆：199、32、23、25、200章
這是祈禱烏尼斯得到麵包的咒語（199章），也為身為荷魯斯的烏尼斯帶來眼睛（32章）。歐西里斯啊，請抓住憎恨烏尼斯、詆毀祂的名字的人（23章）。（再次）出現帶來荷魯斯之眼的記載（25章），讚頌芳醇的香氣和荷魯斯之眼的美妙（200章）。

金字塔銘文273章（地震與食人的部分）

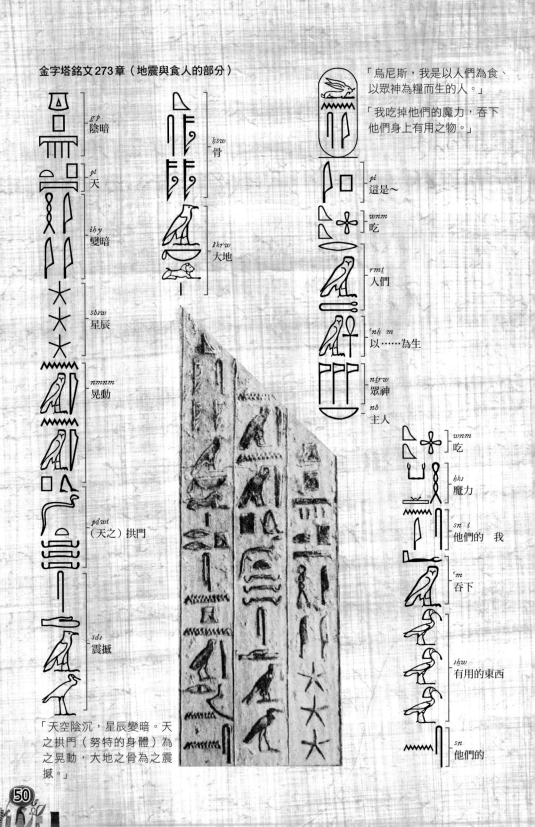

gp 陰暗

pt 天

ihy 變暗

sbrw 星辰

nmnm 晃動

pdwt （天之）拱門

sdз 震撼

ksw 骨

зkrw 大地

「天空陰沉，星辰變暗。天之拱門（努特的身體）為之晃動，大地之骨為之震撼。」

「烏尼斯，我是以人們為食、以眾神為糧而生的人。」

「我吃掉他們的魔力，吞下他們身上有用之物。」

pi 這是～

wnm 吃

rmṯ 人們

'nḥ m 以……為生

nṯrw 眾神

nb 主人

wnm 吃

ḥkз 魔力

sn i 他們的　我

'm 吞下

зhw 有用的東西

sn 他們的

50

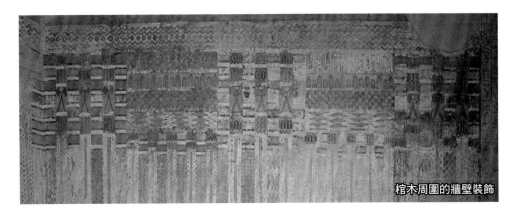

棺木周圍的牆壁裝飾

⑧前室與墓室之間的南牆：244-246章
烏尼斯舉行打破兩個紅罐的儀式。這是以消滅傷害死者的敵人為目的的儀式（244章）。神聖獵鷹的魔術十分偉大，在星座之間設置其容身之處（245章）。當法老與天空女神努特擬人化的棺木相遇時，法老會進入棺木中。烏尼斯以豐饒之神敏（Min）的形象現身，受到眾神的畏懼和崇拜（246章）。

⑨墓室南牆：213-219章
⑩墓室東牆下方：219-224章
銘文從南牆接續到東牆。描寫烏尼斯化身冥界之王歐西里斯，受到創造神阿圖姆的守護，被淨化後從冥界復活。烏尼斯既可以授予重生復活的榮譽，也擁有不令危害之物為非作歹的權力（213-219章）。到了這個場景，拉・阿圖姆神把烏尼斯抱在自己的懷裡，說道：「他自己不會向歐西里斯（＝死亡）屈服。」眾神都是烏尼斯的夥伴，他們知道烏尼斯沒有死，日後還會復活。對所有的神而言，祂就是創造神阿圖姆，祂不會敗給與祂為敵的賽特神。烏尼斯和太陽神一起升天，不久與擬人化的西方女神相遇，努特女神前來迎接。這裡的銘文中，奈芙蒂斯女神作為黃昏之船現身在祂的面前（220、221、222章）。將所有象徵王權的頭冠供品都獻給祂（224章）。

⑪墓室東牆上方：204-207、209-212章
為了不讓法老挨餓和口渴，以提供糧食為目的的一系列文章。

⑫墓室北牆上段：23、25、32、34-42、32、43-57章
　　　　　　中段：72-79、81、25、32、82-96、108-116章
　　　　　　下段：117-171章
23、25、32章與⑦的牆壁相同。父親歐西里斯被弟弟賽特神所殺，兒子荷魯斯在與賽特的戰鬥中失去一只眼睛。這裡主要描寫進行荷魯斯之眼的儀式。此外，在簡短的銘文中還象徵性地記載給死者的各種供品。

⑬墓室西牆上方：226-243章
接下來是一系列針對毒蛇危害的咒語。烏尼斯經過各種關卡，闖過全部的難關，同時「眾神與祂的創造主合而為一」。不過，這裡有段提醒內容：當通過或接近某些特別的場景時，該場景會擬人化成人形，作為妨礙者或危害者現身。

棺槨文

塞皮（三世）棺木的部分棺槨文
上段是用彩色的聖書體書寫的供養文，其次是能確實在來世得到的供品圖畫和數量，再下面就是棺槨文。
中王國時期第12王朝，1990 - 1785 BC，Deir El Bersha 出土
埃及博物館（開羅）［JE 32868、CG 28083］

歷經絕對王權削弱、混亂的第一中間期，金字塔銘文的形式在中王國時期國家統一後發生改變，像州侯（自古以來的當地權貴）、官員這些具有身分地位的人，均開始在棺木（木製）上書寫金字塔銘文，這就是「棺槨文」的起源。棺槨文的英語為「Coffin Texts」，雖為棺木上的文字，但有時也會書寫在莎草紙、存放死者內臟的容器（卡諾卜罈）、木乃伊的面具、墓壁、雕像等處。

　　在這個時代，州侯以延續古王國末期政情的形式，在各自的地盤爭權奪利。再加上向神祇祈求於來世復活的特權也不再是法老的專利，寫在金字塔內部的葬祭文內容，經過神官之手，傳播到埃及各地。

　　棺槨文的研究，是以荷蘭萊頓大學的教授阿德里安·德·巴克（Adriaan de Buck），於1935至1961年所撰寫的七卷《The Egyptian Coffin》（2006年詹姆斯·艾倫〔James P. Allen〕增加第八卷）為基礎。棺槨文的文章約略分為1185章（有些為拼寫，多半是翻譯成「咒語」來介紹），與後來的「通往光明（的書）」（死者之書）不到200章的內容相比，兩者的數量非常懸殊。

[上、右] Gua之棺
棺木一面的內外側都繪有眼睛，以便死者從棺木裡看到外面的世界。內側（右）的四面有供品、陪葬品的繪畫和棺槨文。此為內棺，大一圈的外棺（EA 30839）底部繪有《兩條路之書》。
中王國時期第12王朝，約2300 BC，Deir El Bersha出土，大英博物館 [EA 30840]

箇中最大的原因，就在於有大量的地域限定文書，以及個人獨有的文章。由於文書本身是以金字塔銘文為基礎，因此內容常出現古老的措辭（古埃及語），並以中期埃及語做總結。文字雖然沒有地域性，但在中王國時期，神官經常只在當地的神廟從事活動，從古王國時期全國流傳的金字塔銘文來看，文章有可能是神官根據自身判斷進行創作的吧。在單詞的拼寫方式等方面，似乎也有將神官從文字展露的個性原封不動地傳承下去的傾向。

目前之所以很少有人能針對棺槨文做簡單易懂的解說，正是因為這些緣故，導致我們無法做出總結。

總的來說，大概可以概括成下列幾點。

棺槨文大多數文章和金字塔銘文一樣，都是採取縱書的方式，使用聖書體、聖書體的草書或僧侶體（Hieratic，俗稱僧侶文字）。基本上，章節的標題會寫在句首，但有時也會特別放在文章的結尾。

文章使用黑色顏料書寫，有時會為了強調或分段而使用紅色顏料來表示。不過也有全文都用紅墨水書寫的例子，例如1087章就描述在來世樂園羅塞塔烏

Deir El Bersha
廣大的wadi（乾谷）兩側較高的位置作為岩窟墓加以利用。遠觀即可看見從優質的石灰岩地層中切割出石材的痕跡。

（Rosetau）的歐西里斯神面前，不會再次遭受死亡痛苦等內容。

　　金字塔銘文延續下來的主要內容，包括保護和避開死後對死者有害的東西，確保取得食物和飲料，不至於因匱乏而挨餓或口渴；衣服、裝飾品、枕頭等隨身物品也一應俱全。在來世樂園中，死者必須從事農業等勞動作業，在472章中寫有關於代行這些勞動的人偶巫沙布提（ushabti）等內容。

　　268～295章是有關變身、改貌的內容。在古王國時期，法老化身成鳥的形象升天，有時會像290章所述，如果死者希望的話，也能化為幼兒或變身成任何神祇。除此之外，還可以變成火、空氣、穀物、鱷魚等各種形態。到了中王國時期，聖甲蟲（糞金龜）作為這種變身的護身符，人們開始盛行將它作為裝飾品或陪葬品。「變化」的聖書體唸作ḫpr。雖然在此時是作為表音文字，但書寫的文字是聖甲蟲 的符號。這和幫助太陽運行或重疊在日出太陽上的聖甲蟲是不同的意思。

Neheri 之墓

幾乎被破壞殆盡。墓室入口的左邊可以看到假門的痕跡。天花板上留有與後來的「通往光明（的書）」（死者之書）相通的葬祭文。中央放置棺木的豎坑牆壁上挖有作業用的腳踩洞。

中王國時期第12王朝，約2300 BC，Deir El Bersha［7號墓］

兩條路之書

　　阿什穆寧（el Ashmunein）是位於埃及中部的一個地方都市，這裡在希臘羅馬時代稱為赫爾莫波利斯（Hermopolis），古代稱為Khemenu。在這個地方的墓地Deir El Bersha，出土了某位權貴之棺木，而《兩條路之書》就是書寫在其棺木底板上的棺槨文之一。

　　儘管這是一篇只限於當地的文章，但值得注意的是，上面描繪了從死後（或日落後）到來世樂園的整個過程的示意圖。順帶一提，兩條路多半是指陸路和水路。

　　《兩條路之書》也因新舊時代的事物和記述的神官不同，導致行程和最終到達地點有所差異。由於其分類和研究目前仍在進行，因此這裡不能作為確定的內容來介紹。本書只針對內容已明確的部分做個整理。

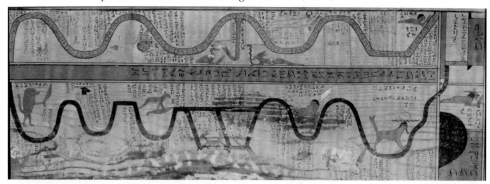

前往羅塞塔烏的道路　　關於羅塞塔烏　　守護者們

遭刺殺的
阿佩普

引自 Piankoff, A., Jacquet-Gordon, H. "The wandering of the soul", 1974

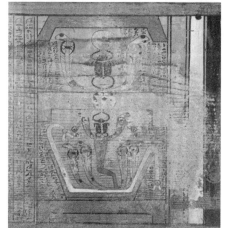

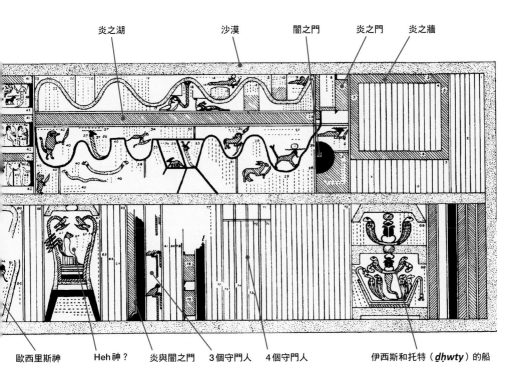

炎之湖　　　　　沙漠　　　闇之門　　炎之門　　炎之牆

歐西里斯神　　Heh神？　　炎與闇之門　　3個守門人　　4個守門人　　伊西斯和托特（ḏḥwty）的船

塞皮三世棺木上的《兩條路之書》
中王國時期第12王朝，1990-1785 BC，Deir El Bersha出土
埃及博物館（開羅）[JE 32868、CG 28083]

　　首先，死者作為太陽船的共乘者（或操船者），以到達歐西里斯神所在之處為目標。在抵達目的地之前，死者得通過數道關卡（數量並不一定），為此祂必須知道這些關卡的所在，以及道路轉角或水路蜿蜒處的守衛（多半呈現手持匕首的動物形象）名字。

　　根據棺木的不同，白天承太陽神的船、夜晚乘月亮之神托特（Ḏḥwty）的船移動。阻礙這趟旅程的巨蛇阿佩普（或名阿波菲斯）也在《兩條路之書》中登場。歐西里斯神所在之處也有一些具體的形象，比如西方的羅塞塔烏、「供品平原」、樂園「雅盧」（Aaru）等。

　　另外，也有以太陽神拉的所在之處作為目的地的說法，或是描述前往天界的月亮之神托特所在之處，變成星辰永遠存在的內容。甚至根據已經學會的文書等級，能夠到達的地點也有所不同。比如前去托特神那裡的人所需的文書、前

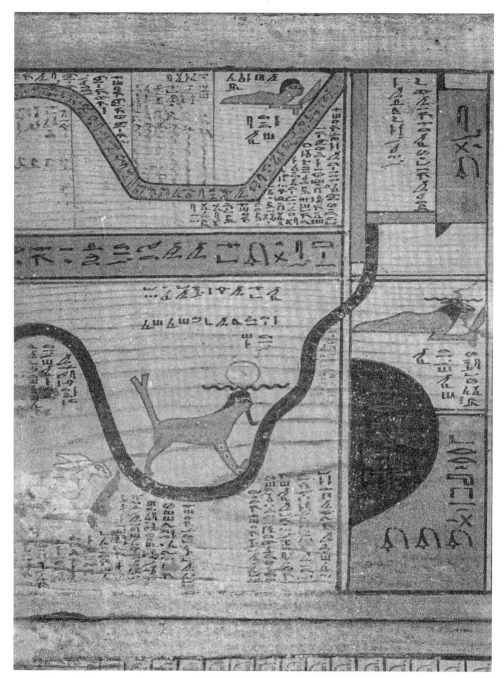

炎之門、闇之門和道路轉角的守衛們

右上角是被塗成紅色的炎之門，左邊水路的起始處和道路轉角處，一般認為由一群手持匕首的精靈負責守護。這條道路的行進方式眾說紛紜，至今仍不得而知，就連聖書體也難以理解。

道路轉角的守衛
刺蝟的上半身搭配貓科動物的下半身，以及兩條有頭無尾的白蛇等虛構動物正把守著要道。

去歐西里斯神之處所需的文書，以及為了最後在太陽神拉所在之處永遠存在，避免再次死亡而必須學會的所有文書等等。隨著《兩條路之書》的整理，人們的認知逐漸傾向於拉神的地位在歐西里斯神之上，只是設立各種神祇的神官究竟是如何運作，至今仍不得而知。

到了新王國時期，日落後的太陽神形象在《冥界（jmj dwȝt）之書》和《門之書》當中變為王墓裡的固定樣式。此外，平民透過「通往光明（的書）」，相信自己只要經過歐西里斯神的審判，將會永遠在來世樂園雅盧生活。

我們可以充分相信，管理《兩條路之書》的文書，或者該文書原作的神官們，對於新王國時期宗教文書的形成帶來某些影響。

附帶一提，阿什穆寧（Ashmunein）的古代名 Ḥmnw，意思為「八之城」，這裡的「八」是指創世神話中男神和女神的兩柱組合，一共四組，也就是八柱。其中，王室從十二王朝就開始信奉的阿蒙神（女神是阿蒙涅特），其神官或許影響了新王國時期當地的葬祭文也說不定。

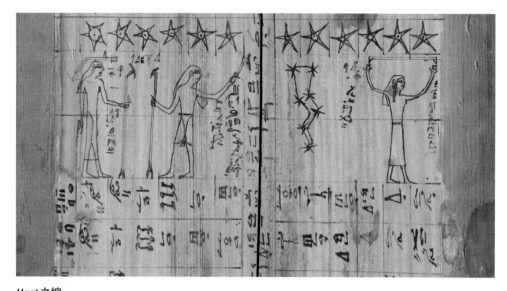

Ḥqat 之棺
從左到右分別是天狼星（*spdt*）、回頭的男人（*sꜣḥ*）、公牛腿星座（*msḫtyw*）、天空女神努特。
中王國時期第12王朝，前1990-1785 BC，亞斯文出土，努比亞博物館（亞斯文）[CG 28127]

寫有星鐘的棺木

　　距赫爾莫波利斯以南約80公里，位於艾斯尤特（Asyut，古埃及名Zawty）、路克索（古埃及名Waset）周邊的亞斯文，出土了棺蓋內側寫有星座名的棺木。自古以來，人們已經知道每當天狼星與太陽一同於東方天空升起的偕日升時分，尼羅河便會開始泛濫，而上埃及的神廟能夠更快觀察到尼羅河泛濫的現象，使得人們十分熱衷在那裡觀測天體。而在觀測的過程中，發現其他星辰具有某種特徵的形狀，並將其加以分組，古埃及人會這麼做完全不足為奇。想必正是因為這些資訊具有實用性，所以才廣為傳播吧。

　　棺木上寫著從日落到日出的星辰，如Nakht之棺（第64頁）所示，若將這些星辰分配給夜晚的12個小時，那麼一顆星就相當於40分鐘。在其他的例子裡，也有相當於60分鐘的繪畫，只是目前仍在研究中。只是，我們無法得知這些星辰等同於現在看到的哪一顆恆星。後來，不知是否參考美索不達米亞的天文知識，到了新王國時期，從一天24小時到36組旬星（Decan，相當於星

群、星座），這些星群也被整理並藉繪畫呈現（後篇第108頁）。

其中最具特色之處，在於天空女神努特的動作。古埃及人認為，星辰的移動是因為努特女神轉動身體。其中，*msḫtyw*（現今的北斗七星）是牛的腿，天狼星和*sꜣḥ*（現今的獵戶座腰帶三顆星）是以擬人化的方式呈現。*msḫtyw*位於北天，*sꜣḥ*位於南天，天狼星是夜空中最亮的恆星，這些都很容易理解，這些形象到了新王國時期也原封不動地傳承下來。至今在都市的天空中，我們也能輕鬆地用肉眼發現這些星辰。

獵戶座

天狼星

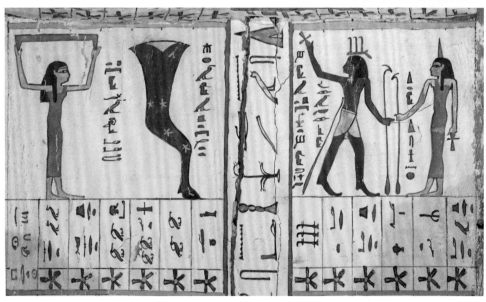

Nakht 之棺
從左到右分別是天空女神努特、牛腿肉星座（*msḫtyw*）、回頭的男人（*sꜣḥ*）、天狼星（*spdt*）。

[參照下一頁]

Nakht 之棺

中王國時期第 11 王朝，約 2020 BC，約 191 公分
艾斯尤特出土，Roemer-Pelizaeus 博物館（德國希爾德斯海姆）[PM 5999]

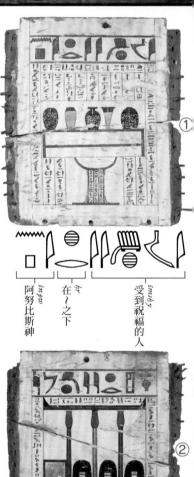

①

in.w
阿努比斯神

hr
在～之下

imi.y
受到祝福的人

②

hwt hr
哈索爾女神

③a

③b

棺木的外側只有簡單的文字，內側全是裝飾，上面寫著星鐘、來世也想具備的生活必需品、供品清單，以及棺槨文。

①頭側的木板，描繪著枕頭、軟膏等的石製容器（或是彩繪成石頭圖案的容器），以及裝有這些物品的木箱。從上面的聖書體文章（大大的橫書文字）可以看出，使用這些東西，死者就能被迎接到阿努比斯神的身邊。
其餘的小型縱書文字是棺槨文的866章，內容記錄了跨越地平線的危險水域所需的知識和資訊。

②腳側的木板，描繪著中庭有穀物倉庫的宅邸和兩雙涼鞋。這一面呈現死者也會受到哈索爾女神的迎接。棺槨文的481章，內容描述的是保護死者在冥界不受傷害。

③a這一面朝著東方。頭部附近正好繪有假門和雙眼。這個部分的外側有一雙大大的雙眼浮雕，死者可以透過它看到外界（以太陽神拉為首的眾神，樂園平原的模樣），靈魂 bꜣ 可以通過假門出入。側面繪有食物和飲料、裝飾品；對面（③b）則記錄120種供品的清單。這兩面的棺槨文是針對創造神拉‧阿圖姆神撰寫的252～258章、261章。

④棺蓋內側，繪有星鐘（以40分為區間劃分夜晚）和當時公認的公牛腿肉星座（mshtyw）、天狼星（spdt）、回頭的男人（sꜣh）。

幽靈的故事

[故事開頭部分遺失]

一位無名男子於底比斯（路克索西岸）某個墓地的墳墓旁過夜。當晚，男子被居住在那裡的幽靈喚醒，後來這名男子向身居高位的阿蒙神官Khonsuemheb描述這件事……。就此展開一連串的故事。

得知幽靈事蹟的Khonsuemheb，為了召喚幽靈，從自家屋頂上召喚天上的眾神、天空的眾神，以及四方的眾神。

「幽靈的故事」陶片
新王國時期第19-20王朝，Deir el-Medina出土，埃及博物館（義大利杜林）[S.6619]

幽靈被召喚過來後，Khonsuemheb問起祂的名字。幽靈回答自己是Tamshas（母親）和Ankhmen（父親）所生的兒子Nebusemekh。Khonsuemheb詢問Nebusemekh想要什麼，他能幫忙建造新的墳墓，訂製貼金箔的木棺，希望藉此勸說幽靈平靜長眠，但卻遭到拒絕了。Khonsuemheb坐在幽靈的身旁，他哭喊著希望和幽靈共同承擔沒有陽光的溫暖，食物和水都遭到剝奪的不幸和悲傷。

受到感動的Nebusemekh靈魂，終於將自己的身世娓娓道來。據幽靈所述，在拉霍特普（Rahotep）法老統治時期，祂曾擔任寶物庫的監督官和武官。祂在曼圖霍特普法老在位第14年的夏天去世，當時，祂被埋葬在有卡諾卜罈組陪葬、以雪花石膏製的石棺、10腕尺（1腕尺≒52.5公分）深的豎坑中，但經過幾世紀後，祂的墳墓崩壞了，甚至墓室也有風滲進來。

祂還說，在遇到Khonsuemheb之前，也有人提出同樣的（救濟）承諾，但最終沒有人兌現諾言。（聽聞這件事的）Khonsuemheb提議，每天會吩咐自己的五位男僕和五位女僕到他的墳前獻上供品，但幽靈說這麼做沒有意義。

曼圖霍特普二世的靈殿（中央）
中王國時期第11王朝，約2020 BC，
Deir el-Bahari，路克索西岸

[文章到此中斷，下一個段落起始於Khonsuemheb派出三名男人尋找適合安葬幽靈的地點]

他們終於找到理想的地點，位於Deir el-Bahari，就在曼圖霍特普二世靈殿的河堤旁，距離25腕尺的地方。三個男人回到卡納克，向正在執行公務的Khonsuemheb報告他們發現的地點。（收到這個報告的）Khonsuemheb喜出望外，並向阿蒙領地的代理人報告他的計畫。

[故事到此結束]

＊摘自"The Literature of Ancient Egypt", W. K. Simpson, 3rd ed., 2003, pp.112-115

可以想像這則故事的結局是，Khonsuemheb可能為Nebusemekh準備了一座新的墳墓，持續獻上供品，從而滿足祂的靈魂，使其不再四處徬徨。

除了這則幽靈故事外，一般容易取得的內容還包括「在古墓中與受葬者的靈魂爭奪書籍」（The Romance of Setna Khaemuas and the Mummies, "The Literature of Ancient Egypt", William K. Simpson, 2003）、「丈夫寫給亡妻的信」（"Letters from Ancient Egypt", Edward F. Wente, 1990）等。

—第 2 章—

死者之書

通往光明的書

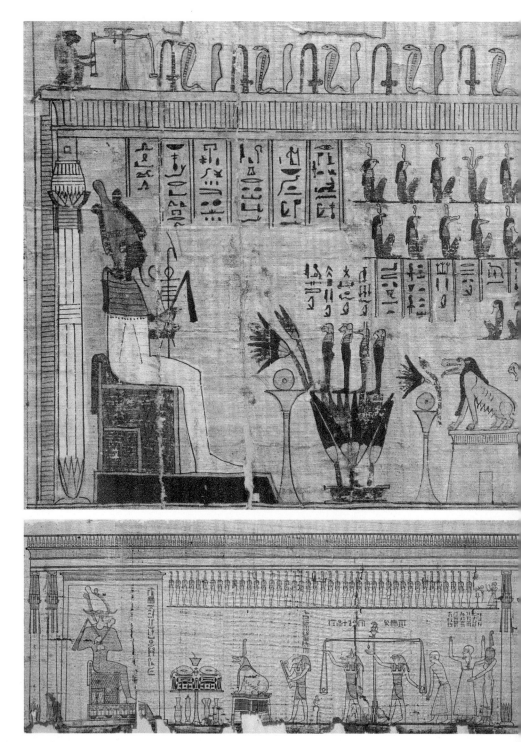

第125章　歐西里斯的法庭（Tayesnakht的死者之書）

以柱子支撐起天花板的大法庭。天花板的入口描繪著埃及狒狒形象的 *Dhwty*（托特）神正準備天平。從左邊的門可以看見歐西里斯神已經入庭就座。歐西里斯神的前面有蓮花，荷魯斯的四個兒子以木乃伊的形象站在上面，從前面數起，依序為艾姆謝特（Imset）、哈碧（Hapi）、多姆泰夫（Duamutef）、凱布山納夫（Qebshenuf）。

Tayesnakht遮住臉，在瑪亞特女神的迎接下，從右邊的門走進來。在她的面前，荷魯斯神和阿努比斯神正在調整天平，以測量死者的心臟和象徵真理、正義的瑪亞特羽毛。天平支柱上的小錘似乎是用來調整、斟酌情況。鷴首人身的托特神，在42柱陪審員的見證下記錄測量結果，並向歐西里斯神報告。如果死者的心臟和瑪亞特羽毛的重量相同，就能走上由歐西里斯統治的來世道路，否則心臟就會當場被托特神面前的怪獸阿米特（Ammit）吃掉，死者隨之消失。

托勒密王朝，埃及博物館（義大利杜林）[Cat.1833]

【左】（左塞爾的死者之書）　左塞爾以讚頌的姿勢進入法庭。

托勒密王朝，埃及博物館（開羅）[JE 95653]

第1章、第72章、第24章（Nebqed的死者之書）

「死者之書」的扉頁（在母親和妻子的陪同下，向歐西里斯神獻上供品的受葬者）有送葬隊伍場面的插畫第1章，祈禱供品豐富無虞的第72章，在收納木乃伊的棺木前舉行「開口儀式」的第24章，每幅插畫的下方都寫有聖書體。大部分文章是以黑字書寫，章節的標題、開頭和結尾的段落、在儀式上正確施展咒語的指示、前往來世樂園時危害死者的魔物之名，例如邪惡的巨蛇阿佩普等，都是用紅字書寫。人們相信只要知道這些名稱，就能獲得克服魔物的力量。

新王國時期第18王朝，約1400 BC，羅浮宮美術館 ［N3068］

[右] 一般私人墳墓的結構與離開木乃伊而去的死者靈魂 *b₃*

被認為是人頭鳥身形象的死者靈魂 *b₃*，通過假門（牆壁或石碑上打不開的門）接受前來掃墓的人們獻上的供品。照片中的 *b₃* 降落在墓室前的豎坑（P.57）。

葬祭文（Funerary texts）

在英文的文獻中有「funerary texts」這個用語，翻譯過來就是「葬祭文」（為了弔唁死者而獻上的文書）的意思。本章使用「死者之書」來呈現，這也是葬祭文的一種。古王國時期的金字塔銘文（Pyramid Texts）、中王國時期的棺槨文（Coffin Texts）也屬於葬祭文。

這裡之所以特別提到文書的名稱，是因為大部分的人往往認為，死者之書是在古埃及墳墓中所發現，寫在莎草紙上的文書。古埃及時代的文字，雖然記載著眾神的形象，但未必全部都是所謂的死者之書。

俗稱「死者之書」的名稱，是根據1842年普魯士王國的埃及學者卡爾‧

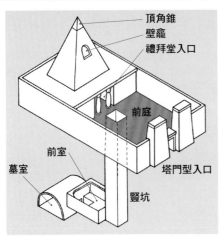

[下] Yuya 之棺

和 Nebqed 之書中提到在墓前進行「開口儀式」（P.40）的木棺相同類型。為阿蒙霍特普三世的王后泰伊（Tiy）的父親由亞（Yuya）的木棺。棺蓋上貼有銀箔，銘帶和眾神的形象則貼著金箔。

新王國時期第18王朝，約1400 BC，埃及博物館（開羅）[JE 95227]

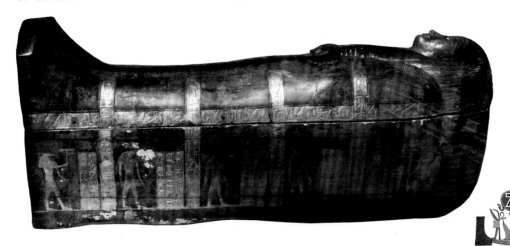

莎草紙捲軸
農民名冊。
羅馬時期，196～198 AD，新埃及博物館
（柏林）[P11642]

[右] 莎草紙容器
木製彩色。文書盒的起源。
新王國時期第18王朝，
約1400 BC，
羅浮宮美術館 [N1319]

石製莎草紙捲軸
有些墳墓收藏著不會腐壞的石製莎
草紙文書。
August Kestner博物館（德國漢諾威）

勒普修斯（Karl Richard Lepsius）出版的《埃及的死者之書》（Ägyptisches Totenbuch）而來，Totenbuch的英譯為Book of the Dead，此後便以「死者之書」的名稱廣為流傳。書中收錄的莎草紙為義大利杜林的埃及博物館所收藏的luefankh死者之書，本書也附有其插圖。

　　這些文書初期是記載於木乃伊的布和棺木上，大部分是用草書的聖書體或僧侶體寫在莎草紙上，和木乃伊一起供奉於墳墓當中。墳墓內藏有大量的陪葬品（財寶），這件事不僅當時的人們，就連古埃及時代以後的人也很清楚，這導致前去破壞墳墓的人絡繹不絕。這些人都知道古代文字的捲軸經常會和死者一起發現，所以在某種表現上便以「死者之書」的含義來稱呼它。死者之書在被賣到歐洲的時候流傳開來，從此被認為是勒普修斯的書名標題。

　　這就是勒普修斯介紹的書之所以稱為「死者之書」的原因。

第1章（Ka的死者之書）

《死者之書》的扉頁和第1章是以聖書體書寫。與第70頁的Nebqed死者之書相比，送葬隊伍的插畫比較一目瞭然。

新王國時期第18王朝，約1500 BC，埃及博物館（義大利杜林）[S.8438]

通往光明（的書）──死者之書

　　從古王國時期的金字塔文後約一千年，中王國時期的棺槨文（Coffin Texts）後約五百年，到了新王國時期（特別是第十八王朝的圖特摩斯三世的時代以後），許多埃及人都相信自己能在來世樂園裡永遠幸福地生活。這個文書也可以說是指引人們達成這個目標的指南，勒普修斯介紹的「死者之書」，其古代的正式名稱為（*rꜝ n*）*prt m hrw*，即**「通往光明（的書）」**（本書基本上以「死者之書」稱之）。

　　附帶一提，在王墓的壁畫中，下一章將介紹的冥界之書（*jmj dwꜝt*）、太陽神拉的讚歌（給太陽神拉的連禱）也開始描繪在壁畫上，由此展開王墓獨特的冥界意象。第十八王朝，在發起宗教改革的阿肯那頓（Akhenaten）時代，「死者之書」的陪葬也中斷了，但在圖坦卡門的古物中又再度出現，從第十九王朝到第二十一王朝期間，「死者之書」的記載相當頻繁。在世界各地的博物館裡看到的「死者之書」，大多都是來自這個時代的作品。

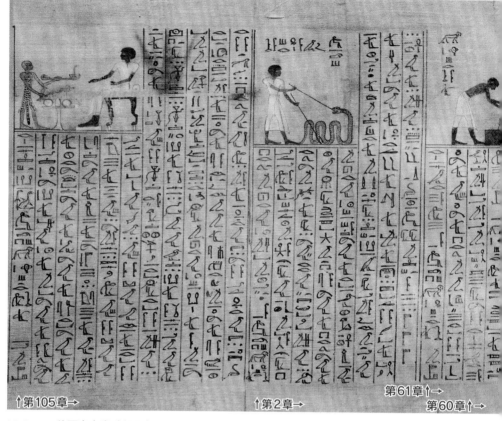

↑第105章→　　　　　　　　　　　↑第2章→　　　　第61章↑→
　　　　　　　　　　　　　　　　　　　　　　　　第60章↑→

Maiherpri 的死者之書（部分）

各章的開頭部分是以紅字書寫（各章的摘要在第
81頁以後介紹）。

每章都附有相關的插畫，並記載墓主「Maiherpri」
的名字和「*ẖrd n k₃p*（王侯貴族養育設施之子）」
的頭銜。名稱的拼寫種類形形色色，有些會像右
邊的名字範例一樣，或縱書，或橫書，抑或根據
空格的大小進行拼寫。

新王國時期第18王朝，約1430 BC，
埃及博物館（開羅）[CG 25095]

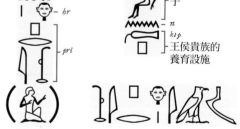

後來，這個習慣在第三中間期又一度中斷，到了晚期王朝時期，與後述的冥

界之書（*jmj dw₃t*）組合在一起，直到羅馬時代才得以建立。

　　中王國時期以王位繼承人絕嗣而告終。之後，來自西亞的異族聯盟西克索

（Hyksos）對埃及進行強力統治，從第二中間期以後，死者之書逐漸開始整理

出來。在此之前的棺槨文（大約）有1185章，但經過整理的死者之書卻不到

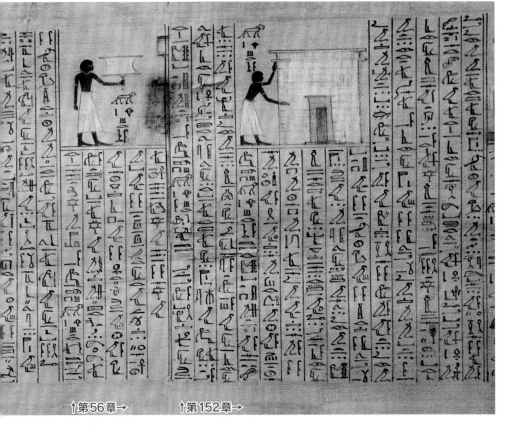

200章（目前有一說是192章），並淪為形式化。其最大的特點就是許多章節都附有插畫。

插畫取其經文章節的主題和相關事物，以便讓不懂文字的人也能通過圖像來理解，輔助閱讀。死者之書並不是到了新王國時期才突然在平民間流傳開來，最初是從理解文字的高官們開始書寫。在十八王朝初期的圖特摩斯三世統治時期，Minakht（87號墓）的死者之書在整整35章中只有兩幅插畫。

這樣的趨勢逐漸增加，在第十九～二十王朝的拉美西斯時代，沒有插畫的死者之書變得屈指可數；第三中間期第二十一王朝以後的晚朝王期，反而是以插畫作為主體，而非文字，其中甚至出現沒有附上文書的作品。

從插畫的品質來看，新王國時期到晚期王朝都是以美麗的彩色為主流，到了托勒密王朝以後，羅馬時代的插畫幾乎都是沒有彩繪的線條畫。

第17章（描繪於孔斯櫥櫃上的死者之書）
收藏於工匠之村 Deir el-Medina 的森內狄恩（Sennedjem）之墓中，為其子孔斯的陪葬品。隨著時代
變遷，文字逐漸被省略，插畫開始畫得愈來愈大。
新王國時期第19王朝，約1250 BC，埃及博物館（開羅）〔JE 27302〕

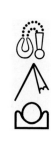

第17章的插畫

[左頁上] 從左上角開始，代表「偉大（尼羅河的）泛濫」的 *mḥt wrt*（頭頂太陽圓盤，脖掛串珠項鏈 [右上]，身纏龜甲圖案的布，背舉脫穀用連枷 [*nḫȝḫȝ*，右中]，坐臥在創世之水上的荷魯斯頭天空母牛），背靠背貼著地平線（*ȝḫt*）文字（右下）的獅子，分別面向「昨日」和「明日」，以守護太陽每天能夠順利運行，以此膜拜孔斯。

這張圖的下面，是阿努比斯神在龜甲圖案的帳篷中，正為躺在床上的木乃伊做最後的收尾工作。木乃伊的頭部由奈芙蒂斯女神守護，腳邊由伊西斯女神守護。

伊西斯的身後，是一對人頭鳥身的夫妻，其靈魂 *bȝ* 佇留在墳墓的屋頂上。人們相信離開墳墓的 *bȝ* 可以收到獻上的食物。

[左頁下] 從左上角開始，分別是守護來世之門的精靈（格雷伊獵犬和人頭的形象），呈現每年泛濫現象的尼羅河神兩態（手放在代表上下埃及的兩片水域上的形象。一手放在蛋形的荷魯斯之眼，一手拿著象徵時間永恆的椰棗葉柄），膜拜天空母牛（牛的斑紋與 *mḥt wrt* 不同，也沒有荷魯斯的頭部）的孔斯，以及孔斯夫妻坐在小屋中玩塞尼特棋（P.20）的景象。

　　讓我們將話題拉回到文書上。和以往的葬祭文一樣，「死者之書」儘管當然有莎草紙的捲軸，但就算加上墓中的壁畫，也沒有任何一個墓主單獨備齊所有章節。葬祭文是為自己或家人等去世的近親準備葬禮用的，因此會請求隸屬神廟的書記幫忙客製化書寫。準備個人墳墓是理所當然的一件事，作為素材的莎草紙捲軸也很昂貴。想當然，地位和俸　愈高的人物，愈能買到優秀書記書寫含有大量經文的莎草紙。捲軸的大小也各有不同，寬從15公分到45公分，長約1公尺，最長的捲軸長約40公尺。

　　另一方面，預算不夠的人會使用片狀的莎草紙，或者利用可回收（利用背面的情況並不罕見）的莎草紙，甚至還有將訂購人名字部分留白的現成品。書記按照不同的價格，準備好數種捲軸，人們根據預算選擇自己喜歡的捲軸，就可以請書記幫忙將名字書寫上去。今天的日本神社寺院，也有提供有別於簡易的御札，根據金額的不同，來更改祈願或祈禱的內容、葬禮時的設備、僧侶人數等等服務，由此可見古埃及人面對宗教的態度和我們如出一轍。

　　文書並非只會寫在莎草紙上。墓壁和棺木等大量被視為陪葬品的東西上都繪有聖書體的文書及其插畫。其中最重要的是，人們相信死後作為木乃伊的心臟

第30b章　聖甲蟲護身符
第二中間期第13～17王朝，
埃及美術博物館（德國慕尼黑）
[ÄS763、1152]

而被收藏起來的聖甲蟲（糞金龜）形雕像，俗稱心臟聖甲蟲。心臟被視為死者的「為人」，在死者前往來世樂園之前，必須先接受歐西里斯神的審判，此時心臟會和象徵真理、正義的瑪亞特（鴕鳥羽毛，或以鴕鳥羽毛作為頭飾的女神）放在天平兩邊。文書中有一種咒語（第30章），這種咒語會禁止心臟在歐西里斯面前做出不利的證詞，或者發表批判性的言論。這些咒語都刻在聖甲蟲的雕像上。到了第三中間期第二十一王朝以後，甚至出現以聖甲蟲的第30章為開頭、有「神話莎草紙」（mythological papyrus，第124頁）之稱的葬祭文。

在第30章中，人們命令心臟別在歐西里斯神面前做出對死者不利的證詞，儘管這麼做缺乏誠實性，但在歐西里斯神的審判中，卻做出自己在現世是誠實的訴求（在後述的第125章「否定告白」中也有不撒謊的文章），給人一種投機取巧的印象。

像這種為了前往來世而千方百計鑽漏洞，就像本書開頭所介紹的那樣，各種文化背景的人們為了上天堂或極樂世界而用盡各種手段，反而令人油然升起親切感。

基於這種信仰，在製作木乃伊時，人們會將石製或陶製的聖甲蟲雕像放進死者體內，小的雕像則作為護身符，在包覆木乃伊時一起纏進繃帶當中。除了聖甲蟲之外，枕頭、手指、繩結、直尺、樓梯、莎草紙的柱子、地平線的文字等，這些在死者之書中作為插畫題材的工具，都成為廣為人知的護身符。

「死者之書」的摘要

這裡簡單介紹一下整體內容。因為是以中王國時期的棺槨文為基礎，如果往前追溯的話，死者之書可以說是從金字塔文中整理出來的經文。到了新王國時

第110章［上］
拉美西斯三世靈殿（位於Medinet Habu）的浮雕。人們認為，能夠順利到達來世的人，即便身為國王，也要從事務農以求得溫飽。
新王國時期第20王朝（路克索西岸）

第6章　與巫沙布提［右］
塞提一世的陪葬品。巫沙布提（ushabti）是木乃伊形象的受葬者，為「回答者」的意思。記載的銘文為第6章，內容是命令受葬者代替死者從事來世必須進行的農業活動等體力勞動的文章。
以1天1人工作，1年份的巫沙布提（365個），加上對10名勞動者發號施令的監督官1人（共36個）來計算，巫沙布提一般約有數量約401個，但實際的數量不一，有些甚至遠超過400個。附帶一提，圖坦卡門陵墓中藏有417個巫沙布提。
新王國時期第19王朝，約1280 BC，羅浮宮美術館［N472］

期，又新增了19、140、157、158、162～165章。

　　由此可見，與以往的葬祭文相比，新王國時期的死者之書是一部更明確地整理出死者平安順利抵達來世的指南書。換言之，這是針對所有人都感到不安的冥界和來世的狀態，以及如何到達那裡進行解釋；到了新王國時期，現世將以最理想的狀態，永遠過著沒有病痛和傷口，也沒有不幸發生的生活，內容比之前的棺槨文更加實用。

　　首先，死者之書最重要的經文在**第1章**，通過這篇文章，死去的人在 *Dḥwty*（托特）神的幫助下，掌握了冥界之神歐西里斯及其審判等情報和知識，作為死後生活的保障。

第17、153章　和墳墓的營造負責人 Neketmut（Inherkhau 之墓）

貓砍殺蛇的插畫是第17章的一節。在王墓的冥界之書（*jmj dwȝt*，參照後篇）的第7個小時，被認為是受到擊退在冥界妨礙太陽運行的巨蛇阿佩普（Apophis）的場面影響，因而為死者之書所採用。貓採取坐姿，面朝西方，其左前腳拿著匕首，右腳按住阿佩普的頭部，揮刀將其砍傷。這隻貓的耳朵和驢子的一樣，驢子在古埃及語中稱為ȝ，和表示「巨大的、偉大的」ȝ同音；以雙關語來說，擁有驢子耳朵的貓，就是「巨貓」的意思。

在聖書體的文書中，代表「阿佩普」的文字（右上），也會以插著匕首的圖案，施展封住其動作的咒語。

藍色的樹上結著像筆柿一樣的橙色果實，這是牛油果樹（Mimusops），這種樹在古埃及語稱為ȋšd，相傳位於太陽信仰的聖地赫里奧波里斯。

貓是日出太陽神凱布利‧拉的化身，祂每天晚上都會殺死阿佩普，出現在東方的地平線上。有一說認為蛇的形象與聖書體的地平線相通，豎立在蛇之間的ȋšd樹被比喻成太陽，整體代表太陽出現的地平線ȝht的文字（右下）。

文章從右向左縱書，到第5行為止為正文。

「為了壓制反抗者，施以斬斷阿佩普脊椎的咒語。這位神祇與其他眾神齊聚一堂斡旋恩澤。我來到你們的跟前。我的心充滿了歐西里斯的kȝ（靈魂）的真理。路克索西岸的真理場所（墓地）的工匠長，永遠的地平線（死者世界）的第一人，Inherkhau，聲音真實之人。家中的女主人、侍奉阿蒙神的歌手第一人，亦即他的妹妹（＝妻子）Wab，聲音真實之人。永遠的地平線草圖畫家，亦即他的兄弟Harmin（聲音真實之人）所製作。」

網的繪畫在第153章。其下是朝東方站立的男性。他是製作壁畫的負責人Neketmut。兒子孔斯也擔任同樣的角色。之所以留下壁畫作者的身影，大概是墓主Inherkhau為了表達對他們的敬意吧。

新王國時期第20王朝（路克索西岸 Deir el-Medina）〔TT 359、TT 299〕

第2章：通往光明，關於死後的理想生活，第3章也繼續描述。

第4章：描述如何打倒歐西里斯神的敵人，以便穿越羅塞塔烏（Ra-setjau，即墓地）。

第5章：描述如何避免出現必須在冥界工作的情況。

第6章：描述在來世代替死者工作的巫沙布提（第79頁）如何活動，使來生過著豐富多彩的生活。

第7章：描述如何平安通過邪惡巨蛇阿佩普（Apophis）盤據的地方。

第8章：描述在太陽的照射下開啟西方世界。

第9章：和第8章相同，在太陽下開啟西方世界，打開墳墓出現的內容。這段文章也作為第73章重複。

第10章：描述打倒位於死者領域的敵人，通往光明的內容。計劃得到所

第16章（Neferini 的死者之書）

最上面是東方女神在由荷魯斯神掌舵的太陽船上向眾神膜拜，接著是象徵東方（左）和西方（右）的女神舉起陽光傾瀉而下的太陽。「荷魯斯的4個兒子」各自手持匕首在一旁守護。第3層是靈魂 *b?* 和埃及狒狒從4個方向膜拜高高舉起的太陽圓盤。第4張圖代表全方位、沒有遺漏的狀態。下層是手持瑪亞特符號的 Neferini 正在接受供品的景象。左邊是東方女神對西方女神膜拜。

托勒密王朝，2～1 BC，新埃及博物館（柏林）
[P 10477]

有的咒語，走遍大地，在受到祝福的情況下，燦爛地於陽光下現身。於第48章重複。

第11章：描述在死者領域對抗敵人的手段。像 Uraeus（聖蛇眼鏡蛇）一樣快速移動，像荷魯斯神一樣挺直站立，像普塔（Ptah）神一樣端坐，像托特神一樣強壯，像阿圖姆神一樣強而有力的行走，以及為了發現敵人而能夠開口說話。於第49章重複。

第10章（Yuya的死者之書）
新王國時期第18王朝，埃及博物館（開羅）[CG 51189、JE 95839]

第12章：描述關於出入冥界的內容，於第120章重複。

第13章：化為獵鷹進入西方世界，化為貝努鳥（Bennu，不死鳥）從西方出來。修復西方的道路。於第121章重複。

第14章：摒棄死者應該反省的事物，平息神祇心中的怒火。

第15章摘錄對偉大太陽神拉的讚歌。對拉神的讚歌（連禱），在新王國時期的王墓入口附近也有記錄。**第15～17章**附有死者舉起太陽的形象插畫，創造神阿圖姆被拿來和死者相提並論；於來世復活的過程，針對整個死者之書，有類似摘要的說明和語句注釋。**第18章**也有語句注釋，內容是在死者到達神聖法庭之前，必須戰勝妨礙死者前進的敵人。

第19、20章：描述諸神在法庭上對托特神的辯解。

第21、22章：描述在死者的領域，賜予讓他得以飲食和說話的嘴巴。

第23章：描述「開口儀式」中所誦唱的內容。普塔神將死者的嘴巴撬開，當地的神讓死者的嘴巴自由活動。托特神擁有強大的話語，使得被賽特神噤聲的嘴巴獲得解放。

第24章：將冥界中具有力量的話語從死者的嘴裡引導出來的咒語。被賦予動作比獵狗更敏捷，比影子更迅速的魔法。

第25章：防止忘記人名的內容。名字就相當於那個人的存在，一旦名字遭到忘記或抹除，就代表那個人不復存在。正如我們也有「人死留名」、「無愧於名」等說法，名字的重要性不言而喻。

第26章：心臟（心）得到滿足，擁有力量，四肢也跟著充滿力量。

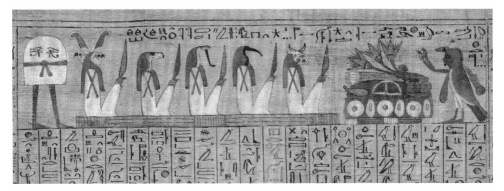

第17章（Ankhefenkhonsu的死者之書）

死者的靈魂 *bꜣ* 向5柱神獻上供品並膜拜。站在5柱神身後的神祇，是在歐西里斯神之家，射出無形光線打倒邪惡魔物的梅傑德（Medjed，射擊者的意思）。

第三中間期第21王朝末，埃及博物館（開羅）[JE 95658]

第27、29章描述防止他的心臟在冥界遭到搶奪；第28章描述防止他的心臟（心）從胸口遭到挖除。

第30章：如前所述，主要內容是避免心臟在歐西里斯的審判中說出不利死者的話。這裡可分為A和B兩種類型，當中大部分是在視同心臟而製作的聖甲蟲（糞金龜）雕像腹部刻上要旨，這種方式被認為是類型B。

第31、32章描述和來世也會對死者造成危害的可怕鱷魚對抗的內容。同樣地，第33～35章則是對抗蛇的內容。第36章描述的是消滅對木乃伊帶來危害的蟑螂。

[右]第25章（Iuefankh的死者之書）
把寫有名字的莎草紙捲軸交給神祇的景象。

[左]第26章
受葬者的左手捧著心臟，膜拜著以鳥的形象示人的自身靈魂 *bꜣ*。
托勒密王朝，埃及博物館（義大利杜林）[Cat.1791]

[左] 第31章（Ka的死者之書）
綑住鱷魚的嘴，令其轉過頭以防
它靠近。

[右] 第36章
（Iuefankh的死者
之書）
正在消滅看似蟑螂
一樣的害蟲。

第37章：關於兩條Meret蛇的內容。

第38章：保證生命氣息的內容，以船帆來呈現無形的氣息；附有死者手持
船帆，或在鼻尖伸出船帆的插畫（第54～56章同樣是獲得氣息的內容）。

第39、108章：描述的是戰勝從金字塔文時代就被視為阻礙死者於來世樂
園復活的巨蛇阿佩普（Apophis）。插畫中顯示死者用魚叉刺中阿佩普的景象。

[左] 第39章（Tayesnakht的死者之書）
蛇用紅色的細線描繪，其小小的頭朝向後方。
[右] 第32章 4隻鱷魚，象徵任何時候都能完美地避開鱷魚。

[左起] 第30章、第7章、第29章、第56章（Nebqed 的死者之書）
第7章 使阿佩普的頭部轉向另一邊避開。
第56章 用船帆來表示如氣息般的空氣流動。（→第54章）

[左] 第41章（Tayesnakht 的死者之書）
刺著位於脊椎和肋骨上的蛇。
[右] 第40章 消滅正在危害驢子的蛇。

第40章：描述擊退「吞下驢子的魔物（蛇）」。這也是與歐西里斯敵對的魔物，附上死者消滅咬著驢子不放的蛇的插畫。

第41章：防止遭到魔物殺害的內容，附上刺殺蛇的插畫。

第42章：將身體的各個部位神聖化，使得死者成為神的化身。以插畫的形式呈現手臂、手指、眼睛、耳朵、雙腳等各部位

第38章（Iwyfunk 的死者之書）
手持生命之符 ʿnḫ 和表示氣息的船帆。
（→第54章）

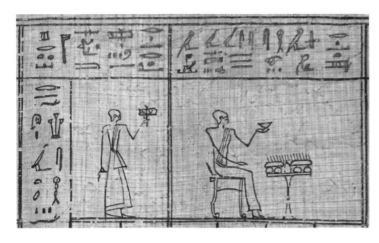

[右] 第53章
（Iwyfunk的死者之書）

[左] 第54章
為了表現氣息流動，而將船帆舉了起來。船帆的聖書體唸作 *tꜣw*，為「空氣」、「氣息」、「風」的意思。

的名稱，以及相關的神祇名字和形象。

第43章：防止頭部被斬斷的內容。

第44章：防止來世不會再度死亡的內容。

第45章：防止衰弱和腐敗的內容。

第46章：防止死在冥界、於冥界生存下去的內容。

第47章：防止在冥界遭到帶走的內容。

第48章：內容與第10章類似。

第49章：內容與第11章類似。

第50章：避免進入神的屠殺場，關於逃脫的內容。

第51章～53章的內容是祈求不吃排泄物等不能吃的東西，希望避免消化過程的逆流，也就是不要被返還。同樣地，在第82、102、124、189章中也有提到要注意吃進嘴裡的東西。

第54、56章：描述賜予死者空氣和水，使其全身充滿力量。

第55章：描述讓死者能夠再次呼吸。

第57～63章：描述保證在來世呼吸，提供充足的水源。呈現死者在果樹深淵的飲水處喝水的景象。其中第59章也有化身為無花果樹的天空女神努特，

第59章
跪拜在祀堂的受葬者夫妻，正從化身為無花果樹的天空女神努特手中接受聖水和食物。
新王國時期第19王朝，森內狄恩之墓（路克索西岸 Deir el-Medina）[TT 1]

第62章
夫妻飲用被椰棗林（3個木和「森」字相通）包圍的池水。
新王國時期第19王朝，Neferrenpet之墓（路克索西岸 El-Khokha）[TT 178]

為死者提供食物和飲料的插畫。

　　第64章的內容難以理解。「我是昨日和明日。我擁有第二次誕生的力量。我是隱藏的神聖靈魂。在冥界，在西方，在天上獻上供品」。一般認為這份古老文書的內容，是為了「通往光明」，排除或打倒妨礙的敵人的咒語摘要。

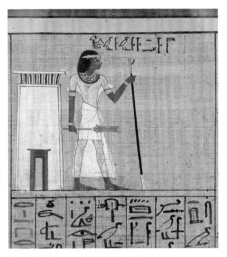

第64章（Yuya的死者之書）

第65～66章接續上面的內容，瞭解獲得戰勝敵人的力量的咒語，以便「通往光明」。

第67章：打開墳墓，沐浴陽光，坐在太陽船的自己座位上圍繞著水邊。

第68章也是描述為了「通往光明」，打開通往天空之門、大地之門等封印死者的門。身體充滿力量，自然界也恢復活力，死者就會於太陽下現身。

第69章：成為歐西里斯神繼任者的內容。死者將受到伊西斯女神獻身的守護，以及父親大地之神蓋布、母親天空女神努特、兒子荷魯斯神的守護。

第70章：作為歐西里斯神的繼任者，於聖地Busiris的河岸旅行，周遊整片天空的四方，給大地和人們帶來氣息。

第71章：死者在眾神的庇護下與敵人作戰，不遭到冥界俘虜而受到解放，為了通往光明，實現生命的延續。

第72章：為了通往光明而打開墳墓的內容。一般認為主要是寫在棺木上的文書，記錄以食物和飲料為首，滿足死者所需的一切物品。第106章也是同樣的內容。

第73章：於太陽下開啟西方墳墓的內容，似乎是第9章的重複。

第74章：內容為匆忙地從大地（地平線）出去（升起）。

第76～88章：讓死者變身為各種樣貌的內容。第77～78章是獵鷹，第79章是阿圖姆神，第82章是普塔神，第81章是睡蓮（蓮花）的花蕾，第83章是貝努鳥（不死鳥、蒼鷺），第85章是太陽神拉的 b3（鳥的形象的靈魂），第86章是燕子，第87章是巨蛇，第88章是鱷魚。

第89章：描述死者的 *b₃* 和遺體於來世重逢。附有鳥的形象的 *b₃* 於木乃伊上盤旋，或者 *b₃* 停留在木乃伊身上的插畫。

第90章：給死者留下記憶，以免死者開口說出愚蠢的話。

第91章：不受任何事物的束縛，能夠不受干擾地活動。

第92章：在陰涼的時候為靈魂 *b₃* 打開墳墓，於白天行走，賜予雙腳力量。

第77章（Yuya 的死者之書）

第82章
（Nebqed 的
死者之書）

[左] 第87章
[右] 第81章
（Ka 的死者之
書）

第83章
（Yuya 的死者之書）

第86章
（Ka 的死者之書）

第85章（Nebqed 的死者之書）
靈魂 $b3$ 的聖書體

第85章（Ka 的死者之書）
靈魂 $b3$ 的形象

第89章（Maiherpri 的死者之書）

第93章：在死者領域，避免被帶往東方。

第94章：賜予死者書寫工具，在歐西里斯的協助下，每天書寫眾神的好話，以便在歐西里斯的審判中發揮正面影響。

第95章：描述待在智慧之神、記錄之神托特神的身邊。

第96、97章：到了新王國時期才提出，初期集合成一整段。待在托特神的身邊，賦予在冥界變身的地位。

第98、99章：描述太陽船在天空水路能夠平安確實地航行。第99章是操船者與船上人員的長篇對話文章。

第100～102章：描述的是和眾神一起乘坐太陽船於天空航行，確保航行的安全。第130、133、134、136章的內容也相同。

第103章：死者作為掌管叉鈴（搖動發聲的樂器）的哈索爾女神追隨者。

第104章：描述死者與眾神一起生活，**第105章**呈現死者與 $k3$（人格的靈

[上] 第99章（Maiherpri的死者之書）

[左] 第92章（Ka的死者之書）

第100章（Yuya的死者之書）
船上的人依序為伊西斯女神、托特、凱布利、舒
（大氣之神）、Yuya。

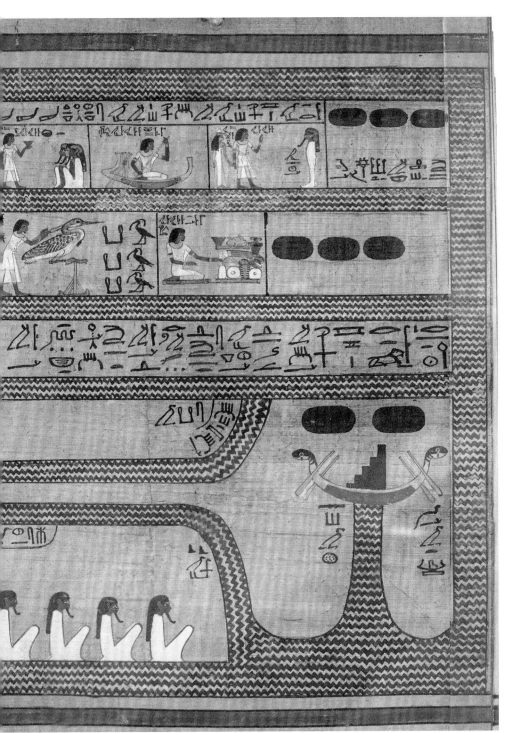

[上頁] 第110章「雅盧平原」（Yuya的死者之書）

供品平原又稱為蘆葦平原，是歐西里斯神統治的來世領域的一部分。相對於黑暗的冥界，這裡是陽光和水源豐富的綠色土地。也有記載說這裡的圍牆是鐵製的。第109章中記載，這裡種植的二粒小麥十分巨大，長度高達7腕尺（約3.5m），就連大麥也有5腕尺（約2.5m）長。

鳳凰的語源貝努鳥在從原始之水冒出的四角錐奔奔石上休息。橢圓是幾個礦物資源豐富的山丘（→第149章）。階梯是進來或離開這裡，於來世移動時不可或缺的工具。

離開歐西里斯法庭前往來世的死者會到達這裡。不分階級與貧富貴賤，所有人都會在農地耕種亞麻和麥子，並準備供品給眾神，以此來度過每一天。然而，因為這些勞動十分辛苦，所以又準備了巫沙布提（P.79）來幫忙。白髮蒼蒼的Yuya（阿蒙霍特普三世之妻泰伊的父親）被聖水淨化，並獻上 *mnḥt*（紡織品）的供品。

第104章

獻給 *kȝ* 的旗竿的供品

新王國時期第19王朝，約1250 BC，Neferrenpet之墓（路克索西岸El-Khokha）[TT 178]

第104章

荷爾王的 *kȝ* 雕像

第一中間期第13王朝，約1780 BC，埃及博物館（開羅）[JE 30948]

第108章

新王國時期第19王朝，森內狄恩之墓（路克索西岸，Deir el-Medina）[TT 1]

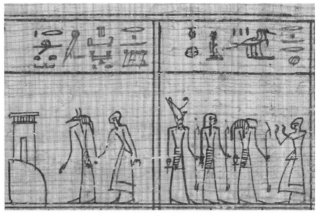

[左] 第119章
（Iwyfunk 的死者之書）

[中] 第117章
受到威普哇威特神引導。

[右] 第116章
前面是托特神、智慧的化身，以及太陽信仰聖地赫里奧波里斯的主神阿圖姆。

魂）同在的景象。

　　第106章：內容與第72章相同。

　　第107～109章、第111～116章：確保 *bз* 具備自古以來主要聖地的精靈和神祇的相關知識。其中第108章是賽特神擊退邪惡巨蛇阿佩普的內容。

　　第110章：描述死者的最終目的地樂園，亦即「供品平原」、「平安平原」或「雅盧平原」。在第149章中另外記載了雅盧平原上的山丘相關內容。

　　第117～119章：記載著前往歐西里斯的國度羅塞塔烏（墓地）的路標及自由出入那裡的內容。

　　第120章→第12章

　　第121章→第13章

　　第122章：出入西方世界與現世的相關內容。

　　第123章：從歌頌創造神阿圖姆開始，描述進入大神廟的儀式。

　　第124章：關於將死者送往「歐西里斯法庭」所做的準備，當死者前往來世的時候，必須在此出庭。**第125章**是歐西里斯審判的主要內容（第64頁），呈現宣告自己在現世沒有犯下任何罪行的否定告白（第110頁，主張「沒有竊

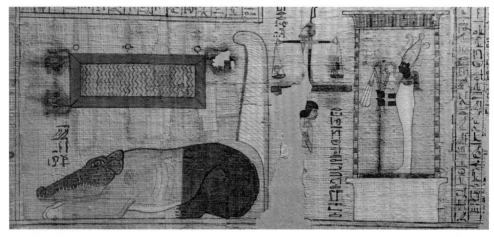

歐西里斯的審判（Nebqed 的死者之書）

這是結合第125章和第126章的插畫。特徵在於將象徵真理和正義的瑪亞特羽毛、怪獸阿米特（ˁm-mwt）描繪得特別巨大。阿米特的頭部是鱷魚，上半身是獅子，下半身是河馬。阿米特的上方有座用來燒死違背正義之人的火池。

第126章（Yuya 的死者之書）

盜」等否定文）的景象。

第126章：關於消滅邪惡之物的火焰池及其守護者們的內容。

第127章和第180章是對太陽神拉的讚歌部分，也有刻在王墓上。

第128章：讚頌歐西里斯神的內容（歐西里斯讚歌）。

第129章：第100章的重複。讓死者成為優秀的存在，能夠帶著隨從一同乘坐太陽船。

第130章：使靈魂 bꜣ 成為永恆的存在。

為了歐西里斯神重生的那一天，讓死者乘坐太陽船環繞並通過冥界。順利達成目標的話，他的靈魂 bꜣ 就能得到永生，再也不會死亡。

從本章開始，到第131章、第133～136章，都是死者作為太陽船的一員進

第136 B章（Yuya的死者之書）
獵鷹形象的太陽神蹲坐在船上於天空（*pt*）航行。代表「凝視」的雙眼描繪在船的前後兩邊。

行航海的內容，多半都有附上太陽船的圖。

第131章：以「我是夜晚閃耀的太陽」為開頭，描述與太陽神一起在天空航行的文書。

第132章：讓死者得以從冥界回去看看他的家。死後仍十分在意自己家裡的情況，這點在任何時代都是一樣。

第133、134章：在滿月的時候，使死者的靈魂在太陽船上變身成有用的、優秀的東西（獵鷹的形象）。這是對太陽神的忠誠宣誓和禮讚。

只要知道第135章的咒語，他的靈魂就會變得高尚，不會再度死亡，得以在歐西里斯神面前接受供品。就像智慧之神托特一樣受到人們的崇拜，不會觸怒芭絲特女神，變得非常幸福。

第136章：在白晝的六天裡乘坐太陽船航行的儀式，內容描述死者的靈魂能夠在船上做出貢獻。儀式有兩種，另一種是讓太陽船順利通過火環的儀式。

第137章：描述太陽和月亮都不在的時候所需要的來世之光。以插畫來表示準備火把的情景，火把有長短兩種版本。

第138章：呈現死者以荷魯斯的身分，與歐西里斯信仰聖地阿拜多斯的眾神會面的景象。

第139章：第123章的重複，為禮讚創造神阿圖姆的內容。

第140章：於 prt 季（播種季、冬季）第2個月最後一天，完成神聖的瓦吉特（ w3dyt ）之眼咒語。

第141章：是男人在新月節為了自己的父親和兒子而詠唱的咒語。使他們被視為對拉等眾神有用的人，並與他們同在。

第142章：使變身的靈魂變得優良，能以隨心所欲的形象在太陽下自由行走；只要祂願意，無論身在何方，都能得知歐西里斯的名字。

第143章：附有補充第141、142章的插畫。

第144～147章：描述的是關於來世前往雅盧（Aaru）平原時，必須經過的7道門和手持匕首的可怕守衛神。死者只要念出那些神的名字和正確的咒語，就可以通過這幾道門。

第144章
新王國時期第19王朝，妮菲塔莉之墓（路克索西岸，王后谷）[QV 66]

第148章
新王國時期第19王朝，妮菲塔莉之墓（路克索西岸，王后谷）[QV 66]

　　第148章：描述天空的7頭母牛和1頭公牛，以及4支船槳（在世界的四個角落支撐天空）。這群牛可以確保為來世的死者提供食物（以1頭公牛為中心，搭配數頭母牛，這樣的飼養方法是史前時代畜牧民的生活形態，當時遺留在撒哈拉的岩畫中也有描繪）。

　　這些牛的名字如下（上圖，上層右起）。

k3的宅邸，萬物的女主人

住在她那裡的平靜之人

神置於高位的3ḫ-bjt（Chemmis）之人

輕輕舉起眾神的天之風暴

守護生命的斑紋之人

深受喜愛的紅髮之人

名為技能的蘊藏力量之人

公牛，住在紅色城堡的母牛群之丈夫

第149章：記載死者在雅盧平原經過的14座小丘。死者通過這裡可以慢慢地汲取活力和能力（參照下一頁）。

第150章介紹第149章以外的小丘。

第151章：介紹葬禮中最重要的木乃伊製作過程。隨附的插畫顯示，在製作木乃伊的帳篷中，木乃伊的守護神阿努比斯站在死者橫臥的棺木架旁。同時也呈現伊西斯女神、奈芙蒂斯女神、保護內臟的「荷魯斯的四個兒子」、šwbtj（巫沙布提）、傑德柱護身符、燈火、阿努比斯等形象。

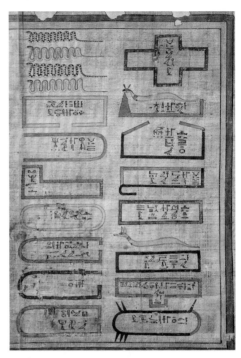

第150章（Yuya 的死者之書）

第151章（Nebqed 的死者之書）

第149章（Yuya的死者之書）

雅盧（Aaru）平原上死者必須通過的14座小丘

第1小丘：以蛋糕和新鮮蔬菜為食糧的地方。堅固骨骼，包括頭部。

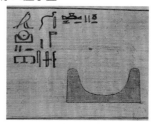

第2小丘：掌管雅盧平原產物的拉・哈拉胡提神（Ra-Horakhty）的所在地。他將穀物種植得十分高大，使太陽船平穩地航行。

第3小丘：ꜣḫ（精靈）之丘。從巨蛇阿佩普手中拯救拉神，有兩塊大地（埃及）和帶給人們生命力的擁抱火焰。

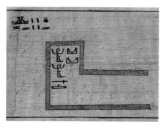

第4小丘：祕密之丘，地下世界裡高聳強大的山。相傳棲息在那裡的巨蛇是以被打入地獄之人的ꜣḫ（精靈）為食糧而生存。這個地方能使來世的航行變得平穩，並賦予力量。

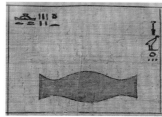

第5小丘：以疲倦之人的影子為食糧的ꜣḫ（精靈）山丘。他們會協助開闢和指引通往美麗的西方世界道路。

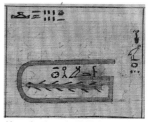

第6小丘：有著難解洞窟的山丘。有個名叫Ajyu的人把像鰻魚一樣的魚切碎，他不會加害獻上供品麵包的品格端正之人，他和供品同在。

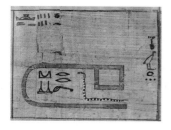

第7小丘：名為Isesi的灼熱火焰山丘，裡面棲息著一條會危害死者的毒蛇Rerek。品格端正之人不會被咬，也不會中毒。

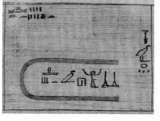

第8小丘：供品傳承的地方。供品由擁有其名的神守護。造訪此處時，必須帶來大地（阿圖姆）的供品，這樣的話就不會偏離道路。

第9小丘：鱷魚正欲挖入壺狀的地方（Ikeset或Ikesi）。大部分畏懼的死者靈魂都不願知道鱷魚的名字。那裡的空氣是火焰，會導致口鼻受傷，但只要獲准通過，就能夠呼吸並接受供品。

第10小丘：有眼鏡蛇和手持匕首的男人，為Kaf神的城鎮，受到𝑏（精靈）掌握，支配影子的地方。有些人啃著生肉，有些人站在肉片之間，但在經過之前不會受到傷害。有伊西斯、奈芙蒂斯等女神的守護，被賦予永恆的力量。

第11小丘：在階梯狀的地區，有個手持匕首的胡狼頭人身的魔物。在地下世界的這個地方，身體會遭到遮蓋，並受到𝑏（精靈）所支配，一旦進入就再也無法出來。能在這裡加入神祇行列的死者，會經過這座山丘，架著通往天上的梯子前進。

第12小丘：在羅塞塔烏（基地）邊緣的烏涅特（Wenet）山丘，受到火焰包圍。我在你的心中是偉大的，位於不滅的星辰之中。我的肉體和名字都不會腐爛。我是永恆的存在。

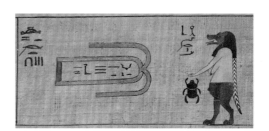

第13小丘：掌管尼羅河泛濫的河馬神和聖甲蟲在此登場。這裡是誰也無法支配的水神之地。在這裡，我也可以支配水源，帶來泛濫，讓植物得以生長。

第14小丘：Kel-Aha的山丘，兩個帶來泛濫的Abu洞窟入口有條巨蛇。在Kel-Aha，我是以因泛濫滿溢的運河而收穫的穀物為食。給我和神準備供品，就這麼心滿意足地結束第149章。

第153A章（Yuya的死者之書）

第152章：描述禮拜以歐西里斯神為首的眾神而建造神廟的內容。

第153章：保護死者不會落入設置在天和地之間的巨網當中。死者只要知道捕獲者和網子的名字，就能從網中逃脫。

第154章：防止木乃伊腐壞生蟲導致身體受損的內容。「我沒有腐爛，內臟沒有損壞，身體沒有受傷，眼睛沒有腐爛，頭蓋骨沒有破碎，耳朵沒有失聰，頭部牢牢地連接，舌頭沒有被拔除，頭髮沒有被剪掉，眉毛沒有脫落；我的木乃伊是永恆不滅的，永遠不會在這片大地滅亡，也不會遭受破壞」。

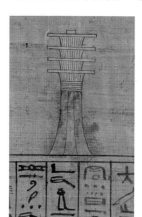

第155章
（Yuya的死者之書）

第156章
（Yuya的死者之書）

第155～160章：描述為死者提供的有效護身符。第155章有黃金的傑德柱（*ḏd*），第156章有紅色碧玉製作的伊西斯繩結提耶特（*tjt*），第157章有掛在死者頸部的黃金禿鷲，第158章有黃金胸飾，第160、159章則提及以長石製作的綠色紙莎草莖護身符。

第161章：棺木上經常可見，內容記載著保證死者必要的生命氣息。為了讓風從四個方向（東西南北＝所有方向）進入，呈現托特神打開天的開口的景象。

第162章：描述置於木乃伊頭部下方的鋪板，這是在靈魂頭部下方產生守護之火的咒語。巨大的火焰完全包覆，就像地上的拉神（太陽）一樣。這一章的插畫中，*iht*母牛在她的兒子拉神沒入西方時，會給予其偉大的守護。他的地方被火焰封起，他在死者的國度成為神。

第163章：防止木乃伊腐爛的咒語。

第164章：對擁有三個頭及雌雄同體的姆特神（Mut）詠唱的咒語。一個頭是頭戴兩片羽毛的帕克特女神（Pakhet，母獅形象，乾谷河口的守護神），另一個頭是戴著雙冠的男性，以及頭頂兩片羽毛、長有翅膀的禿鷲。

祈求肉體健康不死，不腐爛生蟲，來世獲賜雅盧平原的土地，幸福地生活。

第165章：確保得以安頓的地方、防止神聖的瓦吉特之眼受傷、維持遺體使其能夠飲水的咒語。

第161章（Neferini 的死者之書）
托勒密王朝，新埃及博物館（柏林）[P 10477]

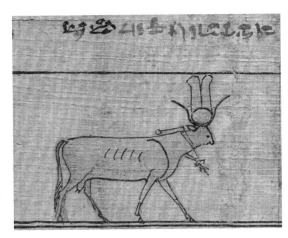

第162章（Tayesnakht 的死者之書） *iht* 母牛

第163章（Tayesnakht的死者之書）
擁有翅膀和人類雙腳的兩個瓦吉特之眼，以及頭頂太陽圓盤和羊角、用人類的腳站立的蛇之插畫。

第164章
有禿鷲、女性、母獅3個頭，以陰莖勃起的怪異形象呈現的姆特女神，其兩側有結合獵鷹和男性兩張臉，以及舉著連枷（nḫ3ḫ3）的小人。

以上為勒普修斯所整理，第166章以後是後來的研究者添加。其中有些章節沒有分類到現有章節，有些則只找到一篇範例。這項作業至今仍持續進行中。

第166章是關於高枕、第167章是關於瓦吉特之眼護身符的內容。

第168章：有關通過冥界之書12座洞窟時的咒語。

第169章：用來準備安置木乃伊的棺木架的咒語。

第170章：用來準備製作木乃伊的棺木架和床的咒語。這些咒語可以保證死者的身體完好無缺，並掌握各種力量，成為永恆的存在。

第171章描述各種神祇賜予死者白色聖衣的內容，這也是為了不讓邪惡之物靠近。

第165章（Tayesnakht的死者之書）
豐饒之神敏呈現出軀幹為聖甲蟲的男神形象，一旁為雙肩為羊頭的男神。這兩個男神能夠實現第165章的咒語。

第162章　置於木乃伊頭下的圓板
人們相信只要放在木乃伊的頭下，就會給死者帶來象徵太陽
生命力的火焰（熱）。亞麻布上塗著灰泥。
托勒密王朝，大英博物館〔EA 35875〕

第172章也是將木乃伊全身神聖化的咒語。內容是死後的世界，眾神為死者所做的事、所製造之物的讚揚，使死者的肉體永遠不會腐壞。

第173章中，死者化身為荷魯斯，與歐西里斯會面，向歐西里斯神獻上各種供品，讚美歐西里斯神。

第174章：讓被眾神祝福的死者靈魂，從天上的偉大之門出去外界的咒語。

第175章：與創造神阿圖姆，就現世的死亡和來世，以問答的形式呈現。

開頭為阿圖姆神向托特神傾訴。「身為天空女神努特之子（意指歐西里斯和賽特兩兄弟），祂們為何淨幹些戰爭、叛逆、混亂、殺戮等諸惡壞事，貶低美好的事物呢？」

「你沒有看到祂們的惡行，沒有為此感到痛心，（身為時間掌管者而）縮短祂

們的時間和年月。只因祂們所做的任何事，都在你未曾知曉之處造成損害」。

接著死者也加入抱怨的行列。死者以「我為什麼非得來到沙漠旅行，非得來到沒有水和空氣、深不見底的黑暗深淵呢？」等話語來訴說對死後世界的不安和不滿，阿圖姆神則以「不用擔心」這些話來安撫死者。最終歐西里斯神消除死者的不安和不滿，並向太陽神祈求來世能過著幸福的生活。

第176章：守護死者不會前往令人厭惡的「破壞之地」，也就是東方，使其來世不再遭受死亡痛苦的咒語。

第177、178章：是從金字塔文中繼承下來的古老內容。第177章是呼喚天空女神努特，讓死者的靈魂順利升天。第178章描述的是睜開眼睛，強化眼力，確保腦袋不會從身體上面脫落，死者於來世再也不會飢渴，衣食無憂地過著幸福的生活。

第179章：昨日出發，今日到來，這是要求自己這麼做的咒語。擁有戰勝死後敵人的力量，憑此打倒敵人。其力量被認為像塞赫麥特（Sekhmet）女神一樣強大。

第180章：崇拜在太陽之下現身、位於西方的太陽神拉，同時也讚美冥界的人們。

第181章～185章：是獻給歐西里斯神的讚歌。

其中，第182、183章向歐西里斯呼籲「我是 *ḏḥwty*（托特）」的內容為其主要特徵。第182章的內容描述冥界的支配者歐西里斯神是永恆的，祂向托特面前失去活力的人呼出氣息，並擊退與歐西里斯神敵對的人。只要詠唱這些咒語，就能呼喚托特所擁有的力量，保證木乃伊會受到眾神和精靈的守護。

第183章：讚頌歐西里斯神對國土帶來的恩惠，祈願能待在歐西里斯神的身邊，因此提出「我是 *ḏḥwty*（托特）神」的主張。

第184章：祈禱能待在歐西里斯神身邊的咒語。

第185章：在讚頌歐西里斯神的同時，死者再次向歐西里斯神宣誓對瑪亞特

第185、186章（Wselhatmes 的死者之書）
在尼羅河西岸的墓地，哈索爾女神現身於旁邊的紙莎草叢中。塔沃里特（Taweret）女神掌管哈索爾女神所守護的墓地，受葬者向祂獻上供品。
新王國時期第19王朝，埃及博物館（開羅）[SR 19318]

（正義、秩序）是誠實的。插畫中，歐西里斯神是以獵鷹的形象現身於索卡爾（Sokar）所守護的櫥櫃上。

第**186**章：崇拜母牛形象的哈索爾女神，祂守護著西岸沙漠的墓地，以及走向西方地平線的死者。

第**187**章：這是前往九柱神面前的咒語。

第**188**章：靈魂 *bȝ* 降臨現世的咒語，建造墓室，使其現身於人們所在的太陽之下。

第**189**章：這是避免死者倒著走路的咒語（一般認為起源於中王國時期）。也有被歸類於第**190**章的章節。

　　近年來，人們又在埃及發現了許多私人的木乃伊。今後，隨著對莎草紙文書和棺木經文的解讀及研究的深入，死者之書仍有可能繼續增加新的章節。

否定告白

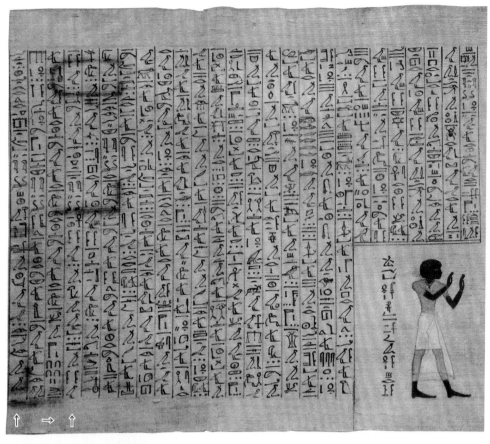

⇧　⇨　⇧

第125章A（Maiherpri的死者之書）

描述到達（歐西里斯神的）法庭時的情況。在第125章A中，死者走向歐西里斯法庭的景象如右頁的開頭所述（對照上圖箭頭部分）。其意思如下。

他說，讚頌正義的主人、（眾）神的主人。我為了欣賞你的美麗，帶著我自己去你的身邊。我知道在法庭上與你同在的42神（42柱陪審員）的名字。

※自古以來，死者知道神、冥界守衛與魔物等的名字，是非常重要的一件事。

[左] 第30章B（Maiherpri的死者之書）

第124章歐西里斯法庭的主要部分被繪製成插畫，大概是為了叮嚀心臟別在這個場合做出不利於死者的舉動而描繪的吧。可見當時的人們對於歐西里斯神的法庭有著如此強烈的意識。

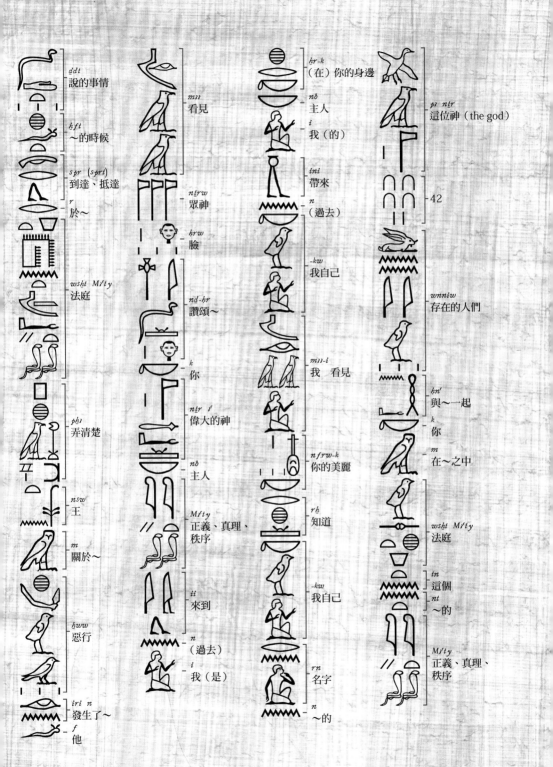

ḏdt
說的事情

ḥft
～的時候

spr (sprt)
到達、抵達

r
於～

wsḫt Mꜣꜥty
法庭

pḥꜣ
弄清楚

nsw
王

m
關於～

ḥww
惡行

iri n
發生了～

f
他

mꜣꜣ
看見

nṯrw
眾神

ḥrw
臉

nḏ-ḥr
讚頌～

k
你

nṯr ꜥꜣ
偉大的神

nb
主人

Mꜣꜥty
正義、真理、秩序

ii
來到

n
（過去）

i
我（是）

ḥr-k
（在）你的身邊

nb
主人

i
我（的）

ini
帶來

n
（過去）

-kw
我自己

mꜣꜣ-i
我　看見

nfrw-k
你的美麗

rḫ
知道

-kw
我自己

rn
名字

n
～的

pꜣ nṯr
這位神（the god）

42

wnniw
存在的人們

ḥnꜥ
與～一起

k
你

m
在～之中

wsḫt Mꜣꜥty
法庭

tn
這個

nt
～的

Mꜣꜥty
正義、真理、秩序

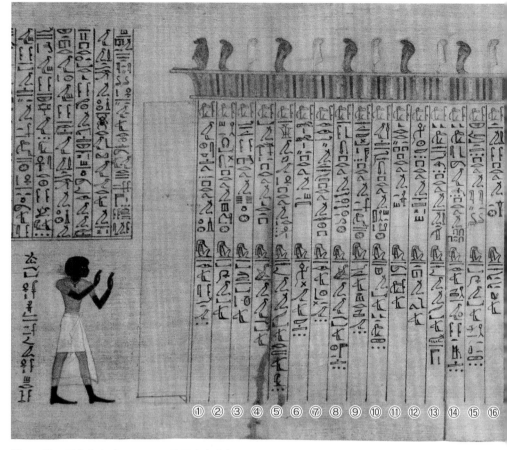

①②③④⑤⑥⑦⑧⑨⑩⑪⑫⑬⑭⑮⑯

第125章　否定告白（Maiherpri 的死者之書）

接續上一頁照片的場景。每一行都有作為陪審員的神（主要都市的神祇居多）、精靈、被視為神聖的物品等名字和簡單的介紹；其下層寫著對於這些人事物，以「我不～」為開頭的內容。

不同的莎草紙，記載的陪審員名字和對其自白的內容也有所不同。42 個項目不是不齊全，就是順序不同，項目的內容也有所分歧。關於「不倫」和「少年愛」等行為，在 Maiherpri 的死者之書中沒有記載。儘管可以認為這是因為製作的時期、筆記者的群體不同所造成的差異，但基本上這些都屬於社會生活中的不道德行為。

以下是按照順序（從左到右），列出 Maiherpri 的死者之書中，死者否定的內容。

－ *n* （否定）

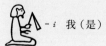

－ *iri* 進行

－ *i* 我（是）

第125章　否定告白（Nebqed 的死者之書）
否定的文字是以紅色特別強調。

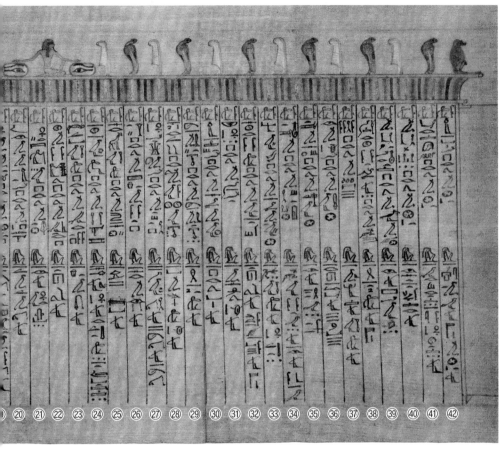

① 幹壞事　② 偷竊　③ 貪婪　④ 強奪行為　⑤ 殺人

⑥ 丟棄供品（食物）　⑦ 犯罪、不正當行為　⑧ 偷竊獻給神的供品　⑨ 說謊

⑩ 拿走食物（麵包）　⑪ 情緒不佳　⑫ 破壞行為　⑬ 殺害聖牛

⑭ 謀取不當利益　⑮ 偷麵包　⑯ 偷聽　⑰ 亂說話

⑱ 平白無故爭吵　⑲ 沉迷於與男性伴侶的色慾之中　⑳ 強姦

㉑ 策劃可怕的企圖　㉒不法侵入　㉓ 性情急躁

㉔ 對真實的話語予以否定（充耳不聞）　㉕ 妨礙他人　㉖ 使他人流淚

㉗ 自慰或與同性戀者性交　㉘ 欺騙　㉙ 詛咒　㉚ 行事急躁

㉛ 沒有耐心、焦躁不安　㉜ 褻瀆用水淨化神祇的情形

㉝ 嘮嘮叨叨　㉞ 做違法亂紀的事

㉟ 反駁國王　㊱ 涉水渠而過　㊲ 怒吼（斥責）

㊳ 咒罵神祇　㊴ 罪孽深重的行為　㊵ 利己的行為（使自己與眾不同）

㊶ 非法斂財　㊷ 厭惡城鎮的守護神

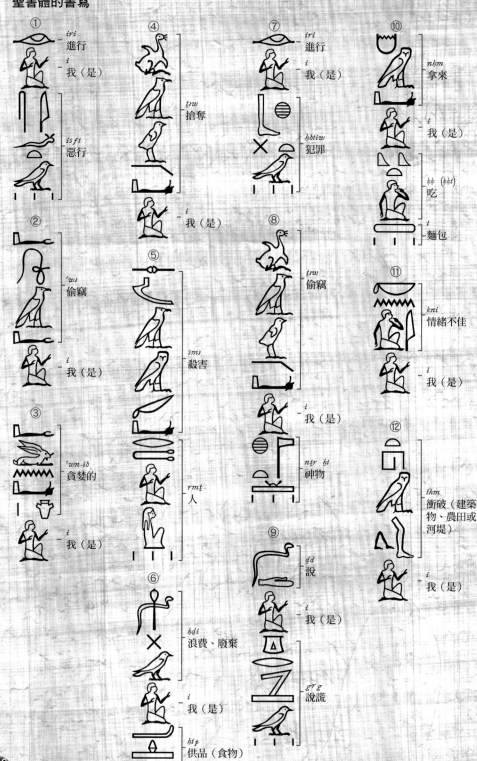

① *iri* 進行
i 我（是）

isft 惡行

② *ʿwi* 偷竊
i 我（是）

③ *ʿwn-ib* 貪婪的
i 我（是）

④ *ṯrw* 搶奪
i 我（是）

⑤ *smi* 殺害
rmṯ 人

⑥ *ḥḏi* 浪費、廢棄
i 我（是）
ḥtp 供品（食物）

⑦ *iri* 進行
i 我（是）
ḥḏtiw 犯罪

⑧ *ṯrw* 偷竊
i 我（是）
nṯr ḥt 神物

⑨ *ḏd* 說
iri 我（是）
gʿg 說謊

⑩ *nḥm* 拿來
i 我（是）
kk (kkt) 吃
t 麵包

⑪ *kni* 情緒不佳
i 我（是）

⑫ *thm* 衝破（建築物、農田或河堤）
i 我（是）

114

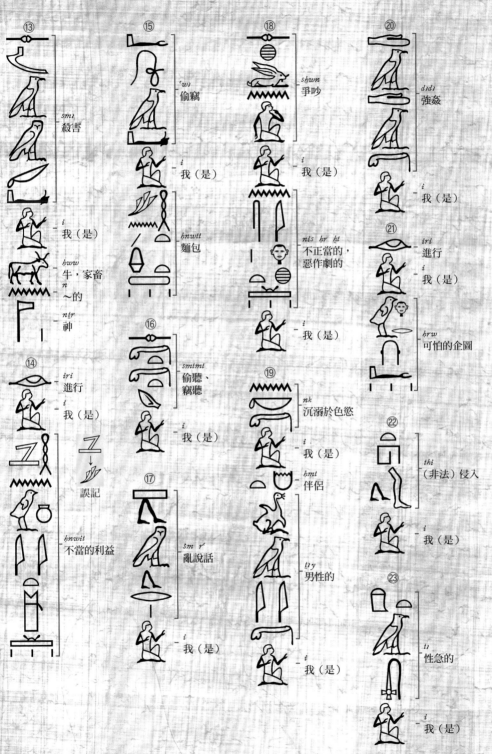

⑬

sm3
殺害

i
我（是）

hww
牛，家畜

n
～的

ntr
神

⑭

iri
進行

i
我（是）

誤記

hnwit
不當的利益

⑮

'w3
偷竊

i
我（是）

hnwtt
麵包

⑯

smtmt
偷聽、竊聽

i
我（是）

⑰

sm r'
亂說話

i
我（是）

⑱

shwn
爭吵

i
我（是）

nis hr ht
不正當的，
惡作劇的

i
我（是）

⑲

nk
沉溺於色慾

i
我（是）

hmt
伴侶

t3y
男性的

i
我（是）

⑳

d3d3
強姦

i
我（是）

㉑

iri
進行

i
我（是）

hrw
可怕的企圖

㉒

thi
（非法）侵入

i
我（是）

㉓

t3
性急的

i
我（是）

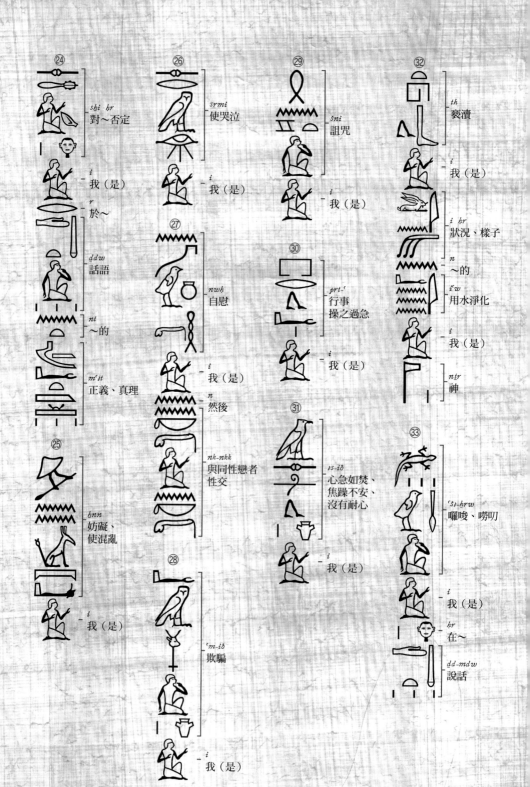

㉔
sḥi ḥr
對～否定

i
我（是）

r
於～

ḏdw
話語

nt
～的

mꜥit
正義、真理

㉕
ḫnn
妨礙、
使混亂

i
我（是）

㉖
srmi
使哭泣

i
我（是）

㉗
nwḥ
自慰

i
我（是）

n
然後

nk-nkk
與同性戀者
性交

㉘
ꜥm-ib
欺騙

i
我（是）

㉙
sni
詛咒

i
我（是）

㉚
prt.ꜥ
行事
操之過急

i
我（是）

㉛
is-ib
心急如焚、
焦躁不安、
沒有耐心

i
我（是）

㉜
th
褻瀆

i
我（是）

i ḥr
狀況、樣子

n
～的

iꜥw
用水淨化

i
我（是）

nṯr
神

㉝
ꜥsi-ḥrw
囉唆、嘮叨

i
我（是）

ḥr
在～

ḏd-mdw
說話

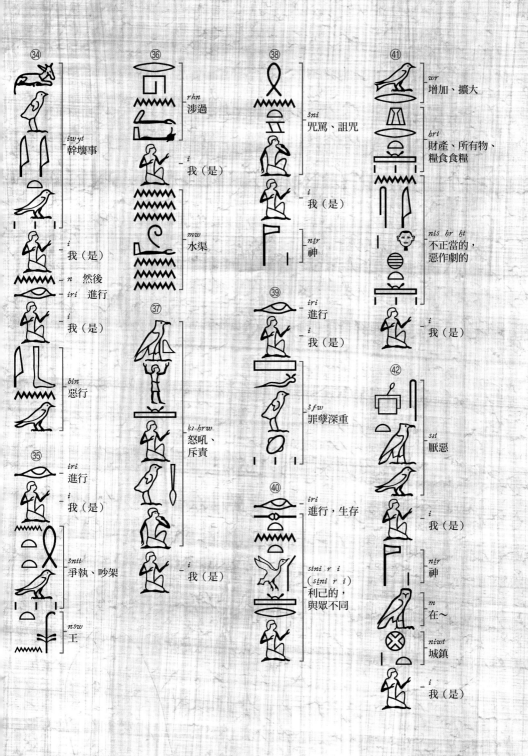

㉞
iwyt
幹壞事

i 我（是）

n 然後
iri 進行
i 我（是）

ðin
惡行

㉟
iri
進行
i 我（是）

šntt
爭執、吵架

nsw
王

㊱
rhn
涉過

i 我（是）

mw
水渠

㊲
kꜣ-ḥrw
怒吼、
斥責

i 我（是）

㊳
šni
咒罵、詛咒

i 我（是）

nṯr
神

iri
進行
i 我（是）

sfw
罪孽深重

㊵
iri
進行，生存

stni r i
(stni r i)
利己的，
與眾不同

㊶
wr
增加、擴大

ḥrt
財產、所有物、
糧食食糧

nis ḥr ḥt
不正當的，
惡作劇的

i 我（是）

㊷
sit
厭惡

i 我（是）

nṯr
神

m
在~

niwt
城鎮

i 我（是）

117

派涅傑姆一世（Pinejem I）的莎草紙　第21王朝，主張從卡納克神廟的阿蒙大司祭手中取得王位。
第三中間期第21王朝，約1050 BC，埃及博物館（開羅）[CG 40006, SR VII 11488]

被承認王權的派涅傑姆一身國王裝束，名字也寫在象形繭當中。閱讀順序由左向右。一開始描繪死者膜拜坐在櫥櫃中的歐西里斯神的樣貌。死者獻上睡蓮花蕾和聖水壺。歐西里斯頭戴阿提夫（ꜣtf）王冠，手持象徵王權的權杖（ḥkꜣ）和連枷（nḫꜣḫꜣ），前面擺放阿努比斯神的詛咒物符號 jmy-wt。接下來的文書摘錄自死者之書的幾個章節。

插畫的開頭是關於**第23章**的「開口儀式」。接下來是**第72章**，內容描述打開墳墓，使飲料和食物源源不絕。**第27章**是防止心臟被奪走（和阿努比斯面對面的死者），帶有歐西里斯審判場面的文書是**第30章**，內容是避免心臟在審判時做出對死者不利的證詞。接下來的**第71章**是三柱神的插畫，內容是祈禱死者在眾神的幫助下通往光明。

用瑪亞特的羽毛（右上）、瓦吉特之眼（右中）、nfr（Neferu，「美好之物」的意思，右下）的文字裝飾的櫥櫃上，寫有歐西里斯、太陽神拉、天空女神努特等神祇的名字，藉以祈禱死者被視為對這些神有用的人，並與祂們同在。

接下來描述的是**第110章**的樂園雅盧平原（Aaru），最後是**第125章**的42項否定告白。

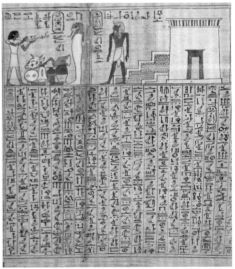

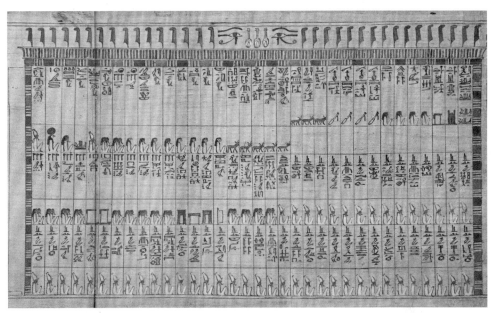

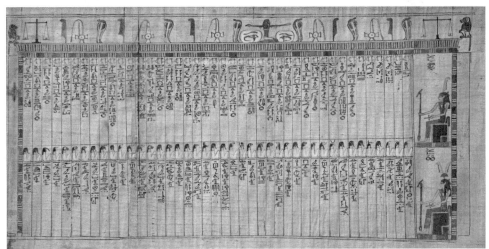

在收納否定告白的櫥櫃中，瑪亞特女神（右上）、瑪阿提（Maati，實際存在的兩都市）的化身正在一旁守護著。上面是埃及狒狒形象的 *dhwty*（托特）神、天平、Uraeus（埃及眼鏡蛇，聖蛇）、瑪亞特的羽毛；神聖燈火裝飾的中央則有無名神用雙手舉著繪有瓦吉特之眼的橢圓形。

圖坦卡門面具
新王國時期第18王朝，約1320 BC，埃及博物館（開羅）
[JE 60672]

英國考古學家霍華德‧卡特（Howard Carter），於1922年在路克索尼羅河西岸的帝王谷發現陵墓，1923年成功打開內部。

隨著調查進行，陸續開啟石棺、黃金棺木等古物，黃金面具則於1925年10月28日出現在世人眼前。

高54公分，寬39.3公分，深49公分，厚1.5～3公釐不等，重10.23公斤。

頭戴Nemes頭巾，額上附有瓦吉特（象徵下埃及的眼鏡蛇）和奈赫貝特（Nekhbet，象徵上埃及的禿鷲）的頭飾。這種裝飾是王后專屬的組合，所以原本有很長一段時間被認為是女性王族的面具。確實和猜想的一樣，後來確認左肩的王名有被重新雕刻過的痕跡。

面具使用彩色玻璃、青金石（眼睛周圍和眉毛）、水晶（雙眼）、黑曜石（瞳孔）、紅玉髓、長石、綠松石等材料製作而成。

刻在面具上的死者之書　第151章

你的右眼是（太陽神的）夜間聖船（msktt），你的左眼是白晝聖船（mʿnḏt），你的肩膀是九柱神（的肩膀），你的額頭是阿努比斯（的額頭），脖子是荷魯斯（的脖子），一絡頭髮是普塔‧索卡爾（的頭髮）。（你）在歐西里斯＝故人（圖坦卡門）面前。他很感謝你。你會引導他走向正道，你會為他討伐賽特的盟友，他會在九柱神面前驅逐你的敵人。來到王子在赫里奧波里斯的偉大宮殿……歐西里斯、上埃及國王Nebkheperura[圖坦卡門的即位名]、拉賦予死者生命。

針對褻瀆死者之人的咒語

　　當死者與大量陪葬品一起埋葬時，這裡就會被視為神聖的地方，非常忌諱人們隨意進入，更遑論從那裡竊取陪葬品，或者損毀死者的遺體（木乃伊）等行為。然而，自古以來，無論任何宗教、民族、國家，到處都會發生偷竊死者陪葬品的行為。日本在盛行土葬的時代，富裕人家的死者也會穿戴高級的和服和裝飾品入葬，所以遭到盜墓者翻掘破壞的情況屢見不鮮。

　　建造墓地的人們都深知這一點。有人說，

阿蒙霍特普3世靈殿遺址

曼儂巨像
(Colossi of Memnon)

阿孟霍特普（Amenhotep, son of Hapu）的葬祭墳墓遺址
設置於他所侍奉的阿蒙霍特普三世靈殿的後方。
©Google Earth

阿孟霍特普
這是在路克索、卡納克神廟第10塔門東側發現的遺跡之一。雕像呈現出在莎草紙的捲軸上做筆記的書記形象，肥胖的樣貌反映出這是一位身居高位的人物。手臂和胸前刻有他所侍奉的阿蒙霍特普三世國王的名字。在相同地點還發現了以經驗豐富的高齡形象呈現的雕像。
新王國時期第18王朝，約1380 BC，埃及博物館（開羅）
[JE 44861]

墓地的幽靈故事（第66頁）就是為了讓盜墓賊產生恐懼，打消念頭。從遺跡就能看出古埃及時代已有建造堅固墳墓的概念，盜墓賊在當時似乎特別猖獗，古王國時期私人墳墓的牆壁和石碑，也有針對進入墳墓做壞事的人書寫懲罰內容的警告文字。

新王國時期第十八王朝，即阿蒙霍特普三世在位期間，有位名叫「阿孟霍特普」（Amenhotep, son of Hapu）之人。此人曾擔任建築師、神官、書記等職務，而後受到神化。他雖然身為官員，卻獲准在路克索西岸建造葬祀神廟，甚至擺放精心撰寫的告誡石碑，並刻有阿蒙霍特普三世統治三十年，*ȝḥt*（漲水季）第四月的

警告的石碑
這是第21王朝的阿蒙神廟神官，根據第18王朝記載於阿孟霍特普葬祭墳墓上的碑文復刻而成。這表示，在第三中間期的時候，曾發生過褻瀆死者的行為。
晚期王朝時期第21王朝，約1000 BC，大英博物館 [EA.138]

6日的日期。像一般文書一樣，內容包括對國王的讚辭，祈禱這個葬祭墳墓永遠留存，接著是警告文。大意如下。

跟在我後面進來的人，如果其他人違法闖入那裡，無法代替他們回答的話，就會遭受底比斯的主人阿蒙神的毀滅。

神不會允許他們滿足於為我接受的軍隊王付書記官的職位。他（阿蒙）在他的憤怒之日，會將他們送到怒火中燒的國王跟前。

朝惡徒臉上噴火的聖蛇
摘自「門之書」第9小時的場景。令人聯想到西歐的龍，像這種噴火怪獸的形象，最早也出現在古埃及。→後篇第68頁
新王國時期第19王朝，約1190 BC，塔沃斯塔（Twosret）王后墓（路克索西岸，帝王谷）[KV14]

　　他的Uraeus（王冠毒蛇）會朝他們的頭部噴火，啃光他們的四肢，貪婪地吞噬著他們的肉體。

　　在新年的早晨，他們會變得像阿佩普（Apophis）一樣。他們會被大海吞沒，屍體葬身大海。他們不得接受和正直之人一樣的儀式，不得享用墳墓裡的食物。尼羅河帶來的水不得為他們注入。不得讓其兒子繼承其地位。

　　（作惡多端的）他們之妻會在眼前遭到蹂躪。只要他們在地上，貴人就不得踏進他們的家門一步。雙方（上下埃及）的領導者們不得提拔他們，即使在高興的時刻，也不得聽國王的話。

　　他們在破壞之日站在持劍的一方，被稱為敵人。即使他們的身體消耗殆盡，他們也會因為沒有麵包而飢餓，他們的身體也會死亡。

神話莎草紙（Mythological papyrus）

有一篇被稱為「Mythological papyrus」（神話莎草紙）的葬祭文。雖然與在文書中加入插畫的「死者之書」的形式不同，但依然採用了這些要素，形成一幅連續的咒語繪卷。這種形式的葬祭文是於第三中間期第二十一王朝的路克索出土發現。

最初是從死者之書第30章開始，目前已知的有五例（現藏於大英、羅浮宮、開羅、杜林、柏林等博物館）。

繪卷的最右，描繪著死者的形象，前面有一條頭戴瑪亞特（真理、正義）羽毛、背上長著翅膀的蛇。這條蛇似乎被認為是歐西里斯法庭上的重要陪審員，名為奈赫布考（Nehebkau）。有些莎草紙上的奈赫布考，是以頭戴歐西里斯神的象徵之一阿提夫冠（118頁等）的形象呈現。死者向奈赫布考捧起心臟，以證明自己的誠實。

其次是掌管真理和秩序的瑪亞特女神。瑪亞特的膝蓋上插著生命之符 'nḫ 和

Mashitsekebet 的莎草紙
侍奉路克索卡納克神廟的阿蒙神的女性詠唱者Mashitsekebet之物。
第三中間期第21王朝，約1000 BC，埃及博物館（義大利杜林）[C.1769]

紙莎草花，反映出死者的誠實。再來是貝努鳥。在創世神話中，貝努鳥降落於從原初之水 *nnw* 冒出的奔奔石（或大地之神Tatenen）上。也就是説，貝努鳥與創造神阿圖姆有關，是太陽神拉誕生、重生、復活的象徵，有時也可見到它頭頂太陽圓盤的形象。貝努鳥的後面是象徵太陽運行、重生、復活、變身（生物學上的變態）的聖甲蟲（糞金龜）。經過木乃伊處理的肉體，就是以聖甲蟲的護身符來取代心臟；可見無論貝努鳥或聖甲蟲，都是重生和復活的象徵。

這篇莎草紙的開頭，最讓人印象深刻的，就是記載於死者之書**第30章B**，被特別強調的心臟。心臟是生命的跳動，這是用來祈禱能平安度過歐西里斯審判的咒語。為了重生和復活而備受重視。

在心臟之後，是擺出膜拜姿勢、頭頂西方（*imnt*）象徵 的女性。記為 *ḫfr ḥr nb .s*「讓主人在前面（面向）她」。她跪在意為「慶典」的 *ḥb* 文字上，

手持 nb ⌣「所有的」、ʿnḥ ♀（生命）、wȝs 𓌀（權力）、ḏd 𓊽（安定）等文字。這些都是經過歐西里斯審判而被視為應當賜予死者的東西。

西方女神的後面是守護木乃伊內臟的「荷魯斯的四個兒子」。依序為艾姆謝特（人）、哈碧（埃及狒狒）、多姆泰夫（胡狼）、凱布山納夫（獵鷹），他們都拿著瑪亞特的羽毛。

在他們之後，是捧著聖物坐在旗桿上，以埃及狒狒形象示人的托特（ḏḥwty）神。大概是希望透過這樣的方式，祈禱能長久不變地繼續記錄下去吧。托特的後面是三個冥界的守衛，相當於「死者之書」第145～146章所描述的景象。最前面的守衛是孩童的模樣，手裡拿著匕首和兩條蛇，脖上掛著心臟項鏈。隨後是坐在瑪亞特台座上的河馬，以及背靠背的雙面貝斯（bs）

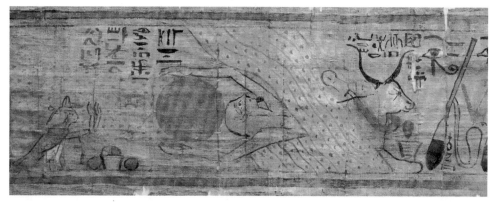

神。死者在遇到這些守衛時，似乎只要説出他們的名字就能順利通過。

　　守門的眾神身後，是與葬禮有關的西方塚。一般認為這是**第149、150章**的小丘簡化版。首先有個很深的洞穴，裡頭有一條蛇。其次是頭部為燈火的神坐著，再來是鱷魚和水瓶的小丘、莎草紙小船的小丘，以及洞窟棲息一群蚰蜓的小丘。人們似乎認為死者通過這些小丘便可以獲得重生的活力。小丘場景的最後，是一頭持有權杖（ḥkꜣ）和連枷（nḫꜣḫꜣ）的白色胡狼。這頭胡狼被認為是在複雜的山丘道路上，負責引導死者不致迷路的任務。燈火頭的神和胡狼是從**第151、152章**開始，暗示著死者的墓室。

　　最終部分的開頭是支撐**第148章**所描述的天空的四根船槳，分別代表「在天空的美麗之物」。四根船槳代表東西南北等基本方位，通常按照南（白冠的眼鏡蛇）、北（紅冠）、西（白冠）、東（紅冠）的順序擺放。透過四根船槳整齊擺放呈現穩固、完整的狀態。船槳間的瓦吉特之眼 據信有治癒的效力。

　　最後，哈索爾女神於西方沙漠現身迎接死者，這是**第186章**的簡化版。哈索爾沙丘的另一邊已經是東方，原初之水神 nww 把太陽捧向天空。人們認為死者也能以這種方式重生。死者靈魂 bꜣ 以鳥的形象呈現，以膜拜姿勢面向太陽。

　　從下面柏林收藏品的例子可以看出，第30章開頭提到的莎草紙，流程幾乎如出一轍，這些很有可能都是由同一派的神官參與製作而成。

Amenemwya 的莎草紙
第三中間期第 21 王朝，約 1000 BC，新埃及博物館（柏林）[P.3127]

各種神話的莎草紙

在神話莎草紙中，得以一窺歐西里斯信仰與太陽神拉的重生巧妙結合，有時也能見到帝王谷陵墓壁畫的冥界之書（參照後篇）要素。下面介紹幾個例子。

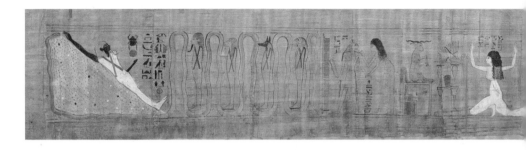

插畫從右向左描繪。

死者擺出讚頌太陽船的姿勢。獵鷹頭的太陽神拉·哈拉胡提（Ra-Horakhty），乘坐在描繪於天空文字 pt（右）之上的船，站在船頭的賽特神，用武器刺向妨礙太陽船航行的巨蛇阿佩普。四頭胡狼（在 pt 上）和眼鏡蛇（Uraeus）牽著那艘船向東方航行。

船頭備有用蘆葦織成的保護墊，有一隻宣告黎明（重生）即將到來的燕子佇留其上。

守護太陽船航行的瓦吉特之眼，以及獅子形象的神，用匕首劃傷噴火的蛇，藉以封鎖其行動。這條蛇也是欲妨礙太陽船航行的邪惡存在。

象徵日出的聖甲蟲位於太陽圓盤中，從沙漠的 $3ht$（地平線）升起。其後是死者向神聖的山羊獻上供品，擺出讚揚及崇拜的姿勢。

接著，死者在貓頭神的引導下，準備通過冥界之門。穿過冥界之門，那裡有條負責守護的巨蛇，其蠕動的身體之間站著「荷魯斯的4個兒子」（凱布山納夫、多姆泰夫、哈碧、艾姆謝特）。

這條巨蛇的頭部從前方的沙漠之丘（凱布利〔Khepri〕之丘）下方繞過，出現在重生後的歐西里斯神（類似後篇第4頁）伸長的手臂處。歐西里斯的皮膚呈現代表富饒的黑色。

Harweben 的莎草紙 侍奉路克索卡納克神廟的阿蒙神的女性詠唱者。
第三中間期第 21 王朝，約 1000 BC，埃及博物館（開羅）[JE 31986，SR VII 10245]

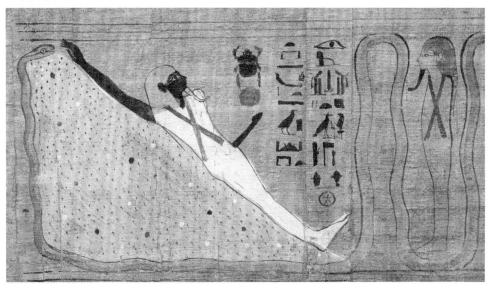

死者向普塔、索卡爾、歐西里斯三神合體的神獻上供品。神的頭部為索卡爾神的獵鷹形象。神的面前有獻給歐西里斯神的供品象徵，以及阿努比斯神的詛咒物 *jmy-wt*（通常以砍掉頭部的牛居多，填塞著填充物）。

後面是手持 *ḥs* 壺的 *dḥwty*（托特）神和荷魯斯神，祂們正在傾注 *ʿnḥ*（生命之符，右上）和 *wȝs*（繁榮，右下）。接續在後的文書是關於「開口儀式」（**第23章**）的內容。

再來是膜拜太陽誕生的死者。面朝西方地平線（昨日）和東方地平線（明日）的兩頭獅子（大地之神阿克爾）的背上，有顆剛升起不久的太陽。為了呈現這些內容，在太陽圓盤上描繪著年幼王子手

130

持象徵上下埃及王權的權杖（ḥkȝ）和連枷（nḫȝḫȝ）的形象。太陽圓盤為Uraeus（眼鏡蛇）圍繞而成的銜尾蛇，守護著母牛（或是驢子、羚羊？）的頭，天空女神努特的手臂從上方擁抱，準備將其向上抬起。一旁有守護著這個場景的瓦吉特之眼，還有鼓掌祝福的狒狒，展現希望重生復活的願望。在冥界的水邊，死者獲得大地之神蓋布的許可，化身成在神聖的iȝd樹下休息的鱷魚，得以飲水解渴。根據第86頁的第57～63章。

畫面最左是第110章，描繪於來世樂園雅盧平原（Aaru）努力從事農耕作業的死者形象。希望能藉此祈求食物充足，永遠過著幸福的生活。

Harweben 的莎草紙　侍奉路克索、卡納克神廟的阿蒙神的女性詠唱者。
第三中間期第21王朝，約1000 BC，埃及博物館（開羅）[SR VII 10256]

插畫從右向左描繪。

死者對歐西里斯神擺出崇拜的姿勢，並獻上供品。頭戴阿提夫冠的歐西里斯面前，擺放著阿努比斯神的詛咒物 jmy-wt 和 wȝs（統治權、繁榮）權杖。歐西里斯的黑色皮膚是豐饒的象徵。祂的身後站著手持遮陽篷、擬人化的生命之符 ʿnḫ。

死者正在給供品注入潔淨的水。接著是獻給天空和大地諸眾的讚美之詞，蛇形成天蓋的地方有「荷魯斯的4個兒子」（艾姆謝特、哈碧、多姆泰夫、凱布山納夫）。其後寫有向眾神祈禱死後能像太陽神拉一樣重生的文書。

文書後面是頭頂太陽圓盤、手持真實羽毛（瑪亞特）的蛇神，以及手持匕首的眼鏡蛇神、手握蛇的

右邊的圖為死者之書第149、150章所描述，死者必須通過的山丘。從上到下分別是第149章的第7小丘，帶有雞蛋和黃金符號的房子是第1小丘，莎草紙捲軸上有蛇的是第13小丘。

附有眼鏡蛇裝飾的船舵為第148章，伴隨著一條蠕動的蛇。

從兩隻瓦吉特之眼間透出的陽光，射向太陽船。太陽船位於天上，船上繪有跟隨者（šmsw）。船下躺著一具正在接受陽光照射的木乃伊。此為死者之書第154章的插畫。

後面的文書是讚美讓航行順利的眾神，其後為真實的羽毛（瑪亞特）、兩條蛇、眼鏡蛇、胡狼頭的冥界之神，再來是夾在兩條蛇之間的傑德柱（ḏd，安定）和提耶特（tjt，伊西斯女神的護身符），後面附帶一串伊西斯女神稱號的文書。

4根船舵為第148章提到支撐天空四方的柱子。第149、150章的山丘符號顯現在兩條眼鏡蛇面前。

最後是死者跪在寫有西方沙漠「主歐西里斯」的墓前，一條帶有翅膀的蛇從天而降，將神聖之眼交

禿鷲神，3個神坐在旗桿上面，下面則放置5個裝有軟膏的壺。

接下來的文書是祈禱能像太陽神拉一樣永恆重生的內容，中間繪有插畫。畫中除了有莎草紙（代表下埃及）和蓮花（代表上埃及）的象徵以外，還描繪著天（*pt*）、池子？，以及黃金符號（胸飾的文字，右上）。

接著是太陽船。船位於獵鷹的頭向下探出的天空中，代替太陽圓盤的是瓦吉特之眼，用 *šmsw* 的文字（右中）表示跟隨者。船的下方有蛇、鱷魚和瓦吉特之眼。船的後面有兩條附有 *nfr*（美好）文字（右下）的眼鏡蛇（Uraeus），黃金符號上有瓦吉特之眼（暗示死者之書**第37章**）。

其後是蛇被匕首封住行動的場景，大概是死者之書**第41章**的暗示吧。

到死者的手上。

西方的守護神哈索爾背著連枷（*nḫꜣḫꜣ*），坐在這個場景的上方。死者的前面有她的名字和城鎮的符號（右）。

Tadimut 的莎草紙
侍奉路克索、卡納克神廟的阿蒙神的女性詠唱者。
第三中間期第21王朝？　埃及博物館（開羅）
[JE 35404, SR VII 10234]

133

從死者崇拜頭戴白冠的歐西里斯神，並獻上供品的場景開始。歐西里斯的身後站著伊西斯和奈芙蒂斯，兩位女神雙手提著生命之符 'nḫ，面前擺著一張小型供桌。

文書描繪著 11 位神祇各自負責的守護死者任務。

第 1 位是代表「不安的恐怖之主」的禿鷲神，其次是代表「實現之主」的眼鏡蛇、代表「恐懼之主」的驢子、代表「供品之主」的鱷魚、代表「現實的恐佈之主」的貓、代表「重生之主」的貝努鳥（鳳凰）、代表「麵包之主」的蛇、代表「西方之主」的獅子、代表「表情之主」的獵鷹、代表「墓的主人」的埃及狒狒與人類之神。

後半部的場景分為上下兩層，上層有兩艘船。右邊的是受到 mḥn（蛇）守護的羊頭太陽神所乘坐的船。太陽神的後面站著兩尊手持匕首的神和隨行者的文字 šmsw，dḥwty（托特）、死者、頭戴瑪亞特羽毛的蛇神手握船的牽繩（蛇的尾巴）站立於前。

眾神手握的牽繩是雙頭蛇的身體。雙頭蛇戴著白冠和紅冠，在蠕動的身體之間，可以看見國王佩戴的白冠、紅冠、阿提夫冠、藍冠和頭巾。

下一艘船載的是 mḥn（蛇）圍成的太陽圓盤，其中有聖甲蟲的身影（日出）。瑪亞特女神向一邊吐出火焰、一邊牽著船的眼鏡蛇（Uraeus）發出指示，朝著 7 個人頭和 8 顆星星（無數人頭和偉大星辰）的方向前進。其上寫有讚頌太陽神的文書。

下層繪有兩種蛇。第 1 條蛇和第 124 頁一樣，頭戴瑪亞特羽毛，和 5 具沒有頭的木乃伊糾纏在一塊。木乃伊的頭出現在蛇的身體之間。死者向這條蛇獻上供品。

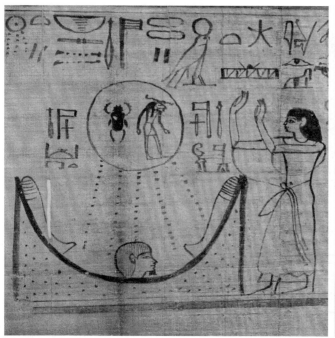

第2條是戴著白冠、長有翅膀的蛇。祂有3雙人類的腳，身體中央露出人類的上半身，蛇的翅膀大大張開（類似後篇P.34）。荷魯斯神拄著拐杖，站在蛇的前面，死者則在祂的後面趴臥跪拜。

最後是死者向太陽圓盤膜拜的景象，太陽圓盤中有白晝太陽形象的聖甲蟲，以及夜晚太陽形象的公羊。陽光從太陽圓盤照射到出現在地平線的人頭上。在地平線的兩端（東西），有被稱為「塚中之物」、「冥界之物」的無頭木乃伊。

上面的文書是讚頌拉・哈拉胡提神的內容。

Bakemut的莎草紙 路克索阿蒙神領地的神官。名字的意思為「姆特女神的僕人」。
第三中間期第21王朝？ 埃及博物館（開羅）[JE 95808, SR IV 982]

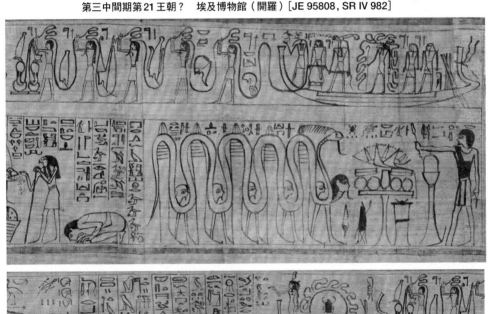

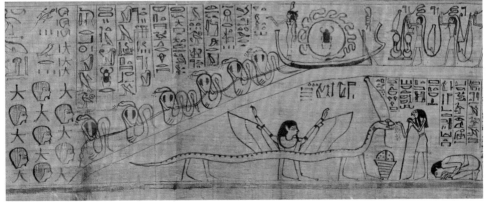

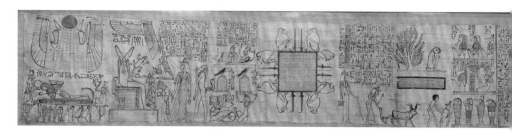

開頭為在頭頂太陽圓盤的Uraeus（眼鏡蛇）所守護的祀堂中，死者向歐西里斯神獻上供品的場景。
死者向歐西里斯遞出1根蔥（韭蔥）。歐西里斯頭戴著埃及的白冠，用藏在衣服裡的手握著象徵王權的權杖（ḥkȝ）和連枷（nḫȝḫȝ）。奈芙蒂斯女神站在歐西里斯的身後，她的前面有象徵阿努比斯詛咒物的jmy-wt。

祀堂後面有條戴著阿提夫冠的巨蛇。

掌管記錄的ḏḥwty（托特）神引導死者到歐西里斯法庭。祂的前面也擺放著jmy-wt。

姓名不詳的神正在打開法庭的大門。大門的上方有條頭戴真實羽毛（瑪亞特）的蛇（P.124），死者在歐西里斯法庭上被裁定為不誠實時，心臟會遭到無名神腳邊的阿米特（ʿm-mwt，融合鱷魚、獅子與河馬於一身的怪物）所吞噬。

上面的文章為掌管大門之人的話語，將其中主要眾神的名字一一列舉出來。

法庭上方寫著32位陪審員的名字（第4位是塔門和山羊，第17位是普塔神），下方則為「否定告白」（死者之書**第125章**）。

在左側，頭戴雙冠的阿努比斯神走出法庭，並招手引導死者進入。祂的上面有停留在紙莎草墊上的死者靈魂bȝ（鳥的形象）、長有翅膀的瓦吉特之眼，以及瑪亞特羽毛。接下來的文書是慶祝順利離開法庭，與眾神一起前往樂園的內容。

隨後描繪的是「荷魯斯的4個兒子」（艾姆謝特、哈碧、多姆泰夫、凱布山納夫）和死者，以及4個兒子掌管的卡諾卜罐（收納內臟的容器）。

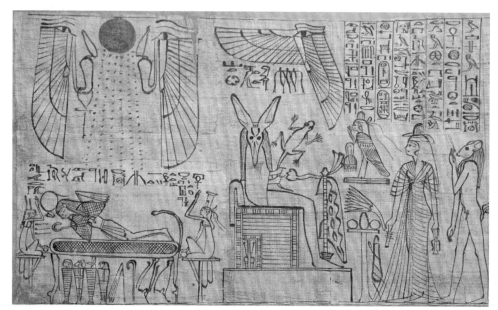

然後是死者之書第110章，來世樂園雅盧（Aaru）。水邊有無花果樹，有個人在那裡休息。下層呈現從事農耕生活的景象。

接下來的文書記載著以歐西里斯神為首的眾神守護之詞。

再往左，是繪有大型火焰池（死者之書第126章）的插畫。

死者划船是第110章的一部分內容。阿努比斯神坐在船上，下方為化身燕子的伊西斯和奈芙蒂斯停留在墳塚上（第86章）。奈芙蒂斯停留的墳塚上有1條眼鏡蛇（Uraeus）。

其下是雙手握著瑪亞特羽毛的死者正在準備供品。

最令人印象深刻的是死者向臉朝正面的驢頭神獻上供品的場景。神的手裡拿著1隻壁虎。*jmy-wt*的符號擺放在這個神的前面，看似是想透過幽默的方式來呈現歐西里斯神。死者的右手拿著象徵歐西里斯神的傑德柱（*dd*），左手拿著伊西斯結（護身符）和提耶特（*tjt*），由鼠頭神引導入內。這裡也描繪了膜拜驢神的死者靈魂 *b3*（鳥），以及具有「西方第一人」含義的翅膀的瓦吉特之眼。

最後，太陽光線從眼鏡蛇（Uraeus）和兩個帶有翅膀的瓦吉特之眼之間傾瀉而下。其下方，身體趴臥的歐西里斯頭頂著太陽，從代表大地的文字（右上）的床上準備站起身來。此為「覺醒」復活的形象。其頭側有伊西斯，腳側有奈芙蒂斯，分別坐在旗桿上守護著。

床下擺放著「荷魯斯的4個兒子」所代表的卡諾卜罈，以及象徵王權的權杖（*ḥk3*，右中）和連枷（*nḥ3ḥ3*，右下）、阿提夫冠和白冠。

Tashedkhonsu的莎草紙　侍奉孔斯神廟的女性神官。
第三中間期第21王朝？　埃及博物館（開羅）[CG 40016, SR VII 10240]

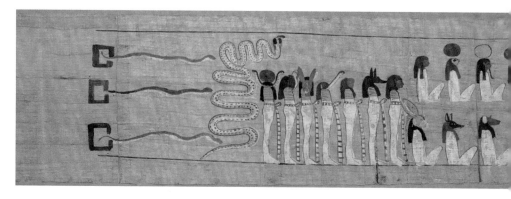

這張莎草紙的文字只有右邊兩行。

Wsir nsḫnsw mꜣ ḫrw「歐西里斯（故）Nesykhonsu，聲音真實之人」。

Wsir kḏn ꜣimntyw「歐西里斯，西方第一人」。

死者的名字中之所以有「歐西里斯」，是代表她死後與歐西里斯合為一體。在頭戴阿提夫冠、手持權杖（*ḥkꜣ*）的歐西里斯面前，死者獻上供品，擺出崇敬膜拜的姿勢。死者的身後有祈求農作物豐收的萵苣。

凱布利神呈現展開翅膀的聖甲蟲形象，祂所乘坐的太陽船在3條蛇的保護下前進。飛翔的凱布利也是太陽神的化身。通常船頭會佇留燕子，但這幅畫是頭頂太陽圓盤的獵鷹（太陽的化身）。

船下的綠色矩形代表水，下方世界的巨蛇是妨礙太陽船航行的阿佩普。

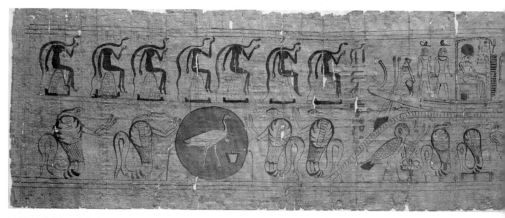

這張莎草紙原本貌似更長。

太陽船被兩頭白色胡狼和兩頭黑色胡狼拉著來到天空拱門。牽繩是眼鏡蛇（Uraeus）的身體。

在船上的太陽神呈現獵鷹形象，頭頂太陽圓盤，坐在櫥櫃之中。祂手持權杖（*ḥkꜣ*）和生命之符（*ꜥnḫ*）。櫥櫃前面是頭戴羊角和阿提夫冠的托特、聖甲蟲頭的凱布利，以及被認為是太陽神之眼的神。櫥櫃後面站著 *hꜣwtyw*（前）和 *pḥwy*（後）神。由眼鏡蛇（Uraeus）負責掌舵。

船頭用蘆葦墊保護著，那裡停留著一隻宣告日出的紅色燕子。船底前後還繪有引導船行進的魚。

船下的場景中，左右各有兩條口吐火焰的眼鏡蛇（Uraeus），夾在眼鏡蛇中間的，是用來絞擬人化的葡萄的道具。一般做法是將裝有葡萄果實的袋子兩端分別綁在木棍上，用這樣的方式榨乾葡萄。在這張圖上，兩位獵鷹頭的神分別握著裝有3顆人頭的袋子兩端，並使勁擰著袋子。周圍的紅點有可能是血的一種表現。袋子上面繪有4盞燈，下面有2具屍體。

138

船後面的3條蛇是冥界的眾神。上層的人形神頭頂有黃色的太陽圓盤，獵鷹頭神的頭頂有紅色的太陽圓盤，可能是用來表示白晝的黃色太陽和地平線附近的紅色太陽吧。

下層的眾神前面有供奉供品的籃子。從最前面開始，依序是燈火、埃及狒狒、胡狼、兔子頭的神。其後是站立的7位冥界眾神。第1個是人，第2個是胡狼頭，第3個是獵鷹頭，第4個是蛇頭，第5個是驢子的正臉，第6個是眼鏡蛇頭，第7個是兩條蛇和太陽圓盤。

最後，3條蛇從代表「家」的文字（右）爬出。似乎是呈現死者之書**第149、150章**的內容。

左側的眼鏡蛇後方，死者的靈魂 *bȝ*（鳥）正舉著雙臂擺出崇拜姿勢，並獻上供品。這或許是在冥界中懲奸除惡的形象吧。

左邊有7個蛇頭女性形象的7道暗影坐在墳塚上。其下是與太陽圓盤合為一體的靈魂 *bȝ* 出現在地平線 *ȝḫt*（右）的景象。兩側各有兩條口吐火焰、擺出崇拜姿勢的眼鏡蛇（Uraeus）。

索 引（黑：前篇，藍：後篇）

141

142

143

【主要參考文獻（前篇・後篇）】

"The Ancient Egyptian Books of the Afterlife" Erik Hornung, U.K., 1999
"The Egyptian Book of Gates" Erik Hornung, Switzerland, 2014
"The Egyptian Amduat : The Book of the Hidden Chamber" David Warbuton, Switzerland, 2007
"Das Höhlenbuch" Daniel A. Werning, Germany, 2011
"The Ancient Egyptian Books of the Earth" Joshua Aaron Roberson, U.S.A., 2012
"The Cenotaph of Seti I at Abydos" 2 vol., Henri Frankfort, U.K., 1933
"Journey Through the Afterlife : Ancient Egyptian Book of the Dead" Jhon H. Taylor, U.K., 2010
"The Ancient Egyptian Book of the Dead" Raymond O. Faulkner, U.K., 1972
"The Egyptian Book of the Dead" E. A. Wallis Budge, U.S.A., 1967
"The Tomb of Ramesses VI", Egyptian religious texts and representations vol.1, U.S.A., 1954
"The Shrines of Tut-Ankh-Amon", Egyptian religious texts and representations vol.2, U.S.A., 1955
"Mythological papyri", Egyptian religious texts and representations vol.3, U.S.A., 1957
"The Litany of Re", Egyptian religious texts and representations vol.4, U.S.A., 1964
"The pyramid of Unas", Egyptian religious texts and representations vol.5, U.S.A., 1968
"The wandering of the soul", Egyptian religious texts and representations vol.6, U.S.A., 1974
"La Tomba di Kha e Merit" Enrico Ferraris, Italy, 2018
"Egyptian Astronomical Texts" Vol.1～3, Otto Neugebauer, U.K., 1969
"Pelizaeus-Museums Hildesheim - The Egyptian Collection" Germany, 1996
"Le livre du jour et de la nuit" Alexandre Piankoff, (Le Caire) Egypt, 1942
"The Complete Gods and Goddesses of Ancient Egypt" Richard H. Wilkinson, U.K., 2003

KAMIGAMI TO TABISURU MEIKAI RAISE E 〔ZENHEN〕
Copyright © Wataru Matsumoto
All rights reserved.
Originally published in Japan by YAROKU BOOKS Co., Ltd.
Chinese (in traditional character only) translation rights arranged with
YAROKU BOOKS Co.,Ltd. through CREEK & RIVER Co., Ltd.

埃及眾神的冥界巡禮 【前篇】

出　　　版／楓樹林出版事業有限公司
地　　　址／新北市板橋區信義路163巷3號10樓
郵 政 劃 撥／19907596　楓書坊文化出版社
網　　　址／www.maplebook.com.tw
電　　　話／02-2957-6096
傳　　　真／02-2957-6435
作　　　者／松本彌
翻　　　譯／趙鴻龍
責 任 編 輯／江婉瑄
內 文 排 版／謝政龍
港 澳 經 銷／泛華發行代理有限公司
定　　　價／420元
初 版 日 期／2022年8月

國家圖書館出版品預行編目資料

埃及眾神的冥界巡禮. 前篇 / 松本彌作；趙鴻
龍翻譯. -- 初版. -- 新北市：楓樹林出版事業
有限公司, 2022.08　面；　公分
ISBN 978-626-7108-50-5 (平裝)

1. 古埃及　2. 文化遺址　3. 埃及文化

761.3　　　　　　　　　111006807

地 中 海
Mediterranean

死 海

西奈半島

Serabit el-Khadim

Wadi Maghareh

San el-Hagar
Tanis〉Djanet

Qantir
Pi-Ramesses

Tell el-Balamun
(Sema)Behdet

Tell Basta
Bubastis〉Perbast

Tel el-Hisn
Heliopolis〉Iunu

Abu Sir Bana
Busiris〉Djedu

Cairo

Wadi Araba

Tell el-Muqdam
Leontopolis

Mit Rahina
Memphis
Inbu Hedj〉Mennefer〉Hut-ka-Ptah

El-Lisht
Itjtawy

Khemmis〉
Akhbity

Abu Rawash

Giza

Abu Gorab

Saqqara

Dahshur

Meydum

El-Lahun

Al Iskandariyah
Alexandria

Tell el-Fara'in
Buto〉Pe〉Per-Wadjet

Sa el-Hagar
Sais〉Zau

Beni Hasan

Tell el-Amarna〉Akhetaten

Wadi el-Natrun
Sechet Hemat

Qurun Lake

Medinet el-Fayum
Crocodilopolis〉Shedet

El-Minya
Men'at Khufu

El-Ashmunein
Hermopolis

下埃及 ↑

上埃及 ↓

Bahariya Oasis
Djesdjes

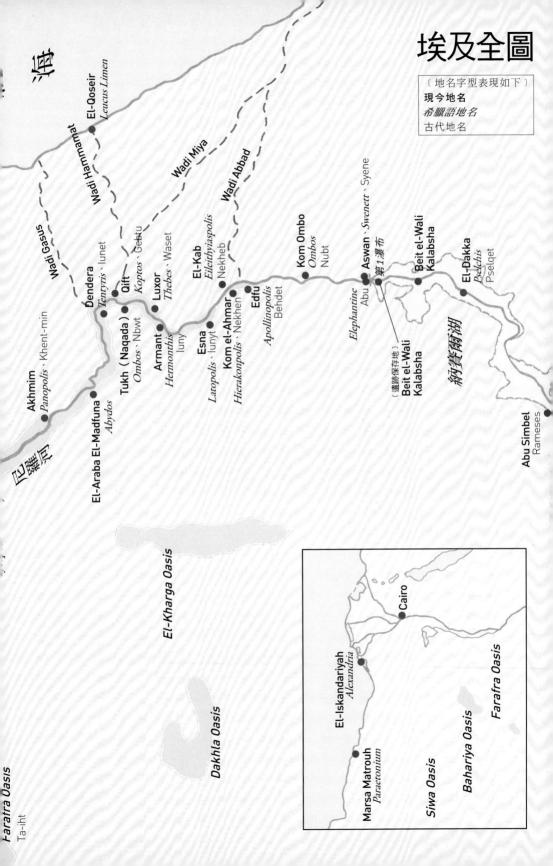

埃及全圖

〔地名字型表現如下〕
現今地名
希臘語地名
古代地名

海

El-Qoseir
Leucus Limen

Wadi Hammamat

Wadi Gasus

Wadi Miya

Wadi Abbad

Akhmim
Panopolis、Khent-min

Dendera
Tentyris、Iunet

Qift
Koptos、Gebtu

Tukh（Naqada）
Ombos、Nbwt

Luxor
Thebes、Waset

Armant
Hermonthis、Iuny

El-Kab
Eileithyiaspolis、Nekheb

Esna
Latopolis、Iunyt

Kom el-Ahmar
Hierakonpolis、Nekhen

Edfu
Apollinopolis、Behdet

Kom Ombo
Ombos、Nubt

Aswan、*Swenett*、Syene
第1瀑布

Beit el-Wali
Kalabsha

El-Dakka
Pselchis、Pselqet

Elephantine
Abu

納賽爾湖

（遺跡保存地）
Beit el-Wali
Kalabsha

El-Araba El-Madfuna
Abydos

尼羅河

El-Kharga Oasis

Dakhla Oasis

Farafra Oasis
Ta-iht

Abu Simbel
Rameses

Cairo

El-Iskandariyah
Alexandria

Marsa Matrouh
Paraetonium

Siwa Oasis

Bahariya Oasis

Farafra Oasis

古埃及王朝表

年代	時代區分	王朝區分	首都	主要法老		主要歷史事件
紀元前 3000	早期王朝時期	1	孟菲斯	**Narmer**	西元前 約 3000 年	上埃及出身的那爾邁統一整個埃及
				Aha		
				Djer		確立象形文字體系
				Djet		制定 1 年 365 天的曆法
				Den		使用「上下埃及國王」的稱號
						赫里奧波里斯開始盛行太陽信仰
		2				發生荷魯斯神派與賽特神派的霸權爭奪戰
				Peribsen		荷魯斯神與賽特神兩派的紛爭,以荷魯斯神派繼承
				Khasekhem		王位作收
2650				Khasekhemwy	約 2620 年	於薩卡拉興建階梯金字塔
		3		**Djoser**		階梯金字塔計畫半途而廢
				Sekhemkhet		於 Medum 計畫興建真正的金字塔並動工
2610				Huni		
	古王國時期				約 2600 年	確立神王握有絕對的王權
		4		**Sneferu**	約 2550 年	於吉薩興建大金字塔
				Khufu		於吉薩興建第 2 金字塔及人面獅身像
				Khafre		於吉薩興建第 3 金字塔。王權式微
				Menkaure		於薩卡拉興建國王的平頂墓室
2490				Userkaf	約 2490 年	國王使用「太陽神拉之子」的稱號
		5		Sahure		於 Abusir 興建金字塔
				Neferirkare		
				Nyuserre	約 2400 年	開始刻有「金字塔文」
2310				**Unas**		
		6		Teti	約 2300 年	積極開發西奈半島的礦山
				Pepi I		
				Merenre	約 2270 年	政權長期維繫之下,晚年開始朝向中央集權國家發展
2180				Pepi II		
	第一中間期	7/8/9		陸續不少任期極短的國王	約 2100 年	赫拉克來俄波利斯(第 10 王朝)與路克索(第 11 王朝)共存
		10	赫拉克來俄波利斯 (下埃及)			
2040			路克索	**Mentuhotep II**		
	中王國時期	11		Mentuhotep III	約 2040 年	第 10 王朝滅亡,全國統一
1990					約 2000 年	向紅海西南沿岸的邦特之地派遣遠征隊
			伊塔威	**Amenemhat I**		
				Senusret I	約 1990 年	因政變而建立第 12 王朝
		12		**Amenemhat II**	約 1950 年	遠征至尼羅河第 3 瀑布
				Senusret II		
				Senusret III		
				Amenemhat III	約 1850 年	向努比亞、巴勒斯坦派出遠征軍
				Amenemhat IV	約 1800 年	法尤姆的攔海拓地工程結束
1785		13		陸續約有 70 位任期極短的國王	約 1790 年	中王國時期在無人繼承的情況下結束
	第二中間期	14				
1650		17 15 (下埃及) 路克索	阿瓦里斯	⑮ **Khyan**	約 1720 年	希克索人自亞洲入侵
				⑮ **Apepi**	約 1700 年	希克索人統治下埃及,建立王朝
		15 (上埃及)			約 1650 年	於路克索建立第 17 王朝,與希克索人抗衡
		17 16		⑰ **Sekhemre II**	約 1580 年	Sekhemre 二世、Kamose 與希克索人對抗
				⑰ **Kamose**		
1565	新王國時期	18	路克索	**Ahmose(Aahmes)**	約 1565 年	將希克索人驅逐出埃及。建立第 18 王朝,以圖穩定國內局勢
				Amenhotep I		
				Thutmose I	約 1520 年	發動遠征,軍隊遠達幼發拉底河上游

年代	時代區分	王朝區分	首都	主要法老	主要歷史事件
	新王國時期	18	孟菲斯	Thutmose II Hatshepsut Thutmose III Amenhotep II Thutmose IV	約 1500 年　Thutmose 三世即位，但攝政的 Hatshepsut 主張王權，形成共治體系 約 1470 年　向亞洲和努比亞派出遠征軍，埃及領土達到最大　與卡納克的阿蒙祭司集團發生爭執
			阿瑪納	Amenhotep III Amenhotep IV （Akhenaten）	約 1400 年　迎向國家最強盛時期 約 1360 年　強制推行信奉阿頓為唯一神祇的宗教改革
			孟菲斯	Tutankhamun Horemheb	約 1350 年　恢復阿蒙神的信仰 約 1335 年　平息信奉宗教改革後的國內外紛爭
1310		19	培爾－拉美西斯	Ramesses I Seti I Ramesses II Merneptah	約 1310 年　將軍拉美西斯一世即位，開啟第 19 王朝 約 1290 年　軍隊遠征敘利亞等地 約 1275 年　與西臺王國於敘利亞的卡迭石展開會戰　摩西帶領以色列人「出埃及」？ 約 1215 年　「海民」企圖從利比亞入侵尼羅河三角洲地區，遭到擊退
1205		20		Ramesses III Ramesses VI Ramesses IX Ramesses XI	約 1170 年　「海民」入侵尼羅河三角洲地區，遭到擊退　王權開始衰弱　盜墓者於帝王谷等處猖獗　卡納克的阿蒙大祭司掌握路克索（Waset）的實權　國王名存實亡
1070	第三中間期	21	塔尼斯	Smendes Psusennes I	約 1070 年　於塔尼斯開創第 21 王朝。上埃及由阿蒙大祭司治理
945		22 23 24		Shoshenq I Osorkon II	約 945 年　利比亞人的後裔成為國王，定都於布巴斯提斯。　向巴勒斯坦地區發動軍事遠征　於埃及北部的塔尼斯等地建立多個王朝
750		25	路克索	Piye（Piankhi） Shabaka Taharqa	約 750 年　努比亞人皮耶開創第 25 王朝 約 700 年　統一埃及全境 約 667 年　亞述人征服埃及
664	晚期王朝時期	26	塞易斯	Psammetichus I Necho II Psammetichus II Amasis Cambyses II Darius II	664 年　驅逐亞述人，建立第 26 王朝　開始興建連接紅海與尼羅河的運河，後來基於防禦理由而中止 525 年　埃及被波斯的阿契美尼德王朝所統治 521 年　連接紅海與尼羅河的運河完工　埃及作為波斯和地中海世界的中繼站而繁榮
525		27	以塞易斯為中心的尼羅河三角洲		約 430 年　希羅多德著作《歷史》一書
404		28 29			404 年　脫離波斯統治，建立第 28 王朝 約 350 年　與入侵埃及的波斯人對抗
380		30		Nectanebo I Nectanebo II Artaxerxes	343 年　再次納入波斯阿契美尼德王朝的版圖下 332 年　亞歷山大大帝征服埃及
305	托勒密王朝時期		亞歷山卓	Ptolemy I Ptolemy II Ptolemy V Cleopatra VII	305 年　亞歷山大大帝死後，托勒密將軍即位　亞歷山大圖書館創建 約 280 年　曼涅托著作《埃及史》一書 約 196 年　製作羅塞塔石碑 30 年　埃及復興失敗，成為羅馬帝國的行省